Part 1
中学英語で言いたいことが24時間話せる

ボストンアカデミー校長 市橋 敬三 著

南雲堂

はしがき

英会話学習の視点が180度
変わるので最後まで熟読されたい。

24時間英語をぺらぺら話せるようにするための秘訣

英文法を知っているではなく，自由自在に使いこなせるようにすることを強く勧めたい。
　その第一歩として，中学英語に出てくる英文法の例文をひたすら音読することである。

中学英語は英語の土台中の土台なので，英会話で使う英文法→文型がぎっしり入っている。従って中学英語をしっかり音読すれば，言いたいことを日本語を考えることなしに，目に入るもの耳に入るものすべて英語で音波が口から発信され，自由自在に話せるようになるからである。

英文法の例文音読が効果がある理由

①音読により，日本語と違う英語の独特の文型が完全に身に付くからである。
②音読により，英語を話すときに英語の数多くの決まりごと，つまりおびただしい数の英文法の規則を考えることなしに，英文を構

成する能力が養われるからである。

■音読が効果満点であることを■
　証明する生きた2つの実例

|第1| 算数の「九九」である。「九九」は小学校2年生で音読させられる。算数の「九九」は小学校2年生で音読した後，復習したという話は聞いたことがない。一度しっかり覚えれば一生忘れないのだ。

|第2| テープやCDで聴いた音楽である。筆者は毎朝顔を洗ったり，身仕度をしたりしているとき，カセットテープやCDで音楽を聴いている。このようなテープ，CDを約500本位持っている。毎日手当り次第にテープを替えて聴いている。1曲1曲の間に少し休止が入る。この休止の間，筆者は次の曲名を当てられる。「九九」のように努力して覚えたわけでもないのに何度も繰り返して聴いたために，しっかり頭にインプットされているのだ。

■英語が話せない原因すり替えの風潮の■
　犠牲者になっている学習者

　英文法を学生時代学習したが，英語が話せないとか，日本の英語教育は英文法をやりすぎるから英語が話せないと言う人がいるが，それは筆者が強く勧めている音読作業を怠っているからである。怠っておきながら英語が話せないのは英文法のやりすぎだと，英文法を悪玉にしている人は，英文法に対する学習方法の不適切さに気づかず，原因をすり替えているのである。この原因すり替えの風潮をあおってきた英会話学校，新聞に大きく宣伝して売りさえすればよいと考えているテープ販売会社の無責任さを，ここで強く指摘し，猛省を促したい。

話すための英文法を学習する不可欠性を証明する生きた実例①

◎米人家庭で働いている日本人のメイドさんは英語が下手

　筆者は以前通訳をしていたとき，在日米人の家を訪ねる機会がよくあった。そこで働いていた日本人のメイドさんの例を紹介しよう。

　筆者がそういう米人家庭のいくつかに行くといつも，「このことはどう言えばいいのですか」とメイドさん達に，英語に関する質問攻めにあった。質問される度に，24時間英語の世界にいるという事実にも拘らず，メイドさん達の英語力の低さに驚き，行く先々のメイドさん達に一体何年働いているのかと聞いて，その長さに再度驚いた経験がある。彼女達は10年，15年も毎日24時間英語の世界にいるのである。しかし英語力はというと，極めて低かった。これは英語の基礎力がない人がただ英語の世界に住んでも，英語は進歩しないことを証明する生きた実例のひとつである。

話すための英文法を学習する不可欠性を証明する生きた実例②

◎開校１カ月で受講生の$\frac{2}{3}$を脱落させてしまった私の失敗

　筆者は約30年前に英会話学校を創立した。学校が駅に近かったためか募集開始１カ月で約600人が入学した。入学者100名位を予想していたので，英会話への関心の高さに驚いた次第であった。

　レッスンは英米人が主に担当した。筆者も含めて日本人講師も担当したが，全員日本語を使わず，英語だけで指導した。開講した第１回目のレッスンの日は，どのクラスも満員（25名）だった。とこ

ろが2回，3回とレッスンを重ねるうちに，欠席者が目立ち1カ月もしないうちに，なんと1/3に激減してしまった。原因を調べてみたところ，受講生の基礎力不足で英語だけのレッスンがチンプンカンプンで，ついていけないということだったのである。

筆者自身日本で生まれ，英語の基礎は日本で勉強したので，英会話学校を創立したときには，学生時代に味わった英語の難しい点は，自分なりに覚えていたつもりであったが，忘れてしまっていたのである。

英会話というと，学校側も学生側も，英米人が指導することを当然視している。しかし，この姿勢に問題がある。英米人からのみの授業を受けて進歩できる人は，少なくとも英文法をよく知っているだけでなく，英文法を使いこなせる人なのである。これ以下のレベルの人でも，How old are you？とか，Where do you live？というような簡単な英語を話して楽しめるであろうが，こういう質問は1カ月もしないうちに種がつきてしまうということが分かった貴重な経験であった。1カ月もしないうちに，受講生が激減した事態に直面して，自分自身の英語基礎固めの過程を振り返ってみた。

話すための英文法を学習する不可欠性を証明する生きた実例③

約30年前に英会話学校を創立し，600名入学した学生の2/3を，1カ月しないうちに脱落させてしまった経験から，基礎固めの重要性を学んだのであった。

英米人からのレッスンを受ける前に，基礎力を充実させなければならないことを知った筆者は，書店へ行きテキストを探してみたが見つからず，この種の本は現在も無い。このテキスト不在に現在でも尚多くの英会話学生が，英会話を必要以上に難しくして，途中で

投げ出してしまう理由があることをここで指摘したい。

◎途中退学者ゼロになった教授法の開発に成功

英文法の全項目を使えるようにすることを意図にした本は，不思議なことに，そのときも，今も市場に不在である。そこで自分で作ることに決めた。しかし，テキストを作るということは大変な仕事であった。入門〜中級まで，難易度を考えて本を完成させた。ページの左側に日本語訳を書かせ，その日本語訳を見たとたん，その日本語訳に相当する英語が出てくるまで各文を音読させ，その音読した例文を使えるように，英米人講師による授業を並行して受講できるように，カリキュラムを組んでみた。受講生自身，進歩を肌で感じられたのであろう。それは何よりも中途退学者がゼロになったことによく反映され，筆者が唱えている英文法の例文音読重視の正しさが証明されたことになり，非常に嬉しくもあり自信を得た貴重な経験であった。

以後使っては改訂し，使っては改訂を続けて，少しでも無駄のない効果的な英会話指導法を追求して，この効果的な教授法により短期間で英語を話せる多数の英会話生を輩出してきている。この効果的な教授法を「ボストンアカデミー方式」と呼んでいる。

そこでこの効果的ボストンアカデミー方式を，ボストンへ通っくることができない全国津々浦々の英会話習得希望者に，広めることが筆者の使命のように思われ，独習できる形にして講座の一部をここに出版する次第である。

ボストンアカデミー校長　市橋敬三

ボストンアカデミーに関心のある方は直接下記に電話でお問い合わせ下さい。
電話　03-3220-2421

音読80回達成の6つの㊙

① 各文80回音読するまでは，次の文へ進まないこと。
② 口をきちんと開いて，自然のスピードで読むこと。決して黙読・速読しないこと。
③ 各文の場面を想像して，自分をその場面に没入して自己を主人公にして読むこと。
④ 長い時間，音読しようと思わないこと。長時間音読しようと思うと雑念が浮かび精神統一が難しくなるからである。
　朝食前の5分，ホームで電車を待っているとき，通勤電車の中，会社での昼休み，夜帰宅して，食事の前のような短い時間を利用し，雑念を払って，精神統一して，その場面を想像し，自己をその場面に没入させて，各文を自然のスピードで音読すること。
⑤ 音読80回を目的としないこと。つまり，80回音読するということはあくまでも覚えるための手段であって，80回音読したら終わりだと勘違いしないこと。
⑥ 200文位，完全に音読すると，見るもの聞くものが英語で考えられるようになっている。変身した自分自身を発見することであろう。つまり英語的発想，英語で考える力がつき英語の世界に入れるのである。

目　次

はしがき：英会話が自由自在になるための㊙　3

1　3種類ある疑問文の作り方 …………………… 13
　① その文に一般動詞があるとき　14
　② その文に一般動詞がないとき　14
　③ 疑問詞が主語のとき　15
　疑問文(1)
　　1　Do, Does が文頭にくる疑問文　16
　　2　疑問詞が入った疑問文　20
　疑問文(2)
　　3　Be 動詞が文頭にくる疑問文　25
　疑問文(3)
　　4　疑問詞が主語として働いている疑問文　28

2　否定文の作り方 …………………………………… 30
　否定文(1)
　　1　一般動詞を否定する場合　30
　否定文(2)
　　2　Be 動詞を否定する場合　34

3　2つの働きを持っている Do と Does …………… 39
　1　動詞のくり返しを避ける代動詞 do　40
　2　過去の動詞のくり返しを避ける代動詞 did　41

4　動詞の語尾に s または es がつくとき ………… 42
　3単現と s　42

5　注意すべき「私は…が好きです」I like … ……… 45
　ミスをしない㊙　47

目次 9

6 命令文 …… 49
Be を文頭に使う理由　50
1　命令文(1)　動詞＋名詞　52
2　命令文(2)　動詞＋代名詞＋前置詞　53
3　命令文(3)　Be＋形容詞　54
4　命令文(4)　Be＋a＋形容詞＋名詞　55
5　否定の命令文(5)　Don't＋一般動詞　56

7 the と a の使い方 …… 58
the を使うとき　58
a, an を使うとき　59
the と a, an のマスターの㊙　63

8 These と Those …… 64
1　These と Those の品詞は？　64
2　These と Those の訳し方　68

9 代名詞 …… 71
名詞のくり返しを避ける it, one　71

10 like の特別な意味 …… 75

11 「あります」「います」の There is …, There are … …… 77

12 「います」「あります」の Be 動詞 …… 86

13 Here is (are) …　ここにあります …… 94
1　Here is＋単数可算名詞　94
2　Here's＋不可算名詞　95
3　Here are＋複数名詞　96

14 Some と Any の使い方 …… 98
1　肯定文中の some＋複数普通名詞, 物質名詞, 抽象名詞

　　　　　　103
　　2　疑問文中の any＋複数普通名詞，物質名詞，抽象名詞
　　　　　　104
　　3　否定文中の any＋複数普通名詞，物質名詞，抽象名詞
　　　　　　105

15　形容詞と副詞の働き ……………………………106
副詞の作り方　108

16　状態を意味する Be 動詞＋形容詞 ……………110
状態を意味する Be 動詞＋過去分詞　111

17　be＝become でも get が使えないとき ………113
be, get, become が置き換えられるときと
置き換えられないとき　114

18　使い方を誤りやすい 8 つの副詞 ………………116
注意すべき 5 点　117

19　目的語の前に前置詞を取るときと必要がないとき　120
　　1　「動詞＋前置詞＋目的語」の型の動詞　120
　　2　「be 動詞＋形容詞＋前置詞＋目的語」の型の動詞　122

20　How ...? の各種表現 ……………………………124
　　1　How＋形容詞＋名詞＋do you ...? の各種表現　124
　　　【数をたずねる】124
　　　【回数を具体的にたずねる】125
　　　【量をたずねる】126
　　　【年齢・年数をたずねる】127
　　　【期間や物の長さを漠然とたずねる】128
　　　【サイズをたずねる】129
　　2　How＋副詞＋can you ...? の各種表現　130
　　　【速度・早さをたずねる】130

　　　　【時間・期間の長さをたずねる】131
　　　　【経過した時間をたずねる】132
　　　　【上手さ・時刻・距離をたずねる】133
　　　　【回数を漠然とたずねる】134
　　3　How＋did you ...?の各種表現　135
　　　　【交通機関をたずねる】135
　　　　【手段をたずねる】136

21 不可算名詞の数え方 ……………………………137
22 過去形の作り方 ……………………………143
　　1　規則動詞の過去形　143
　　2　不規則動詞の過去形　146
23 過去の疑問文の作り方 ……………………………148
　　1　Did が文頭にくる過去の疑問文(1)　148
　　2　Was（Were）が文頭にくる過去の疑問文(2)　157
24 進行形の作り方 ……………………………163
　　1　現在進行形　166
　　2　過去進行形　168
　　3　未来進行形　169
25 時を示す語の前で使う前置詞 ……………………………172
　　1　at＋時間を示す語　173
　　2　on＋曜日　174
　　3　on＋曜日の午前（午後，夜）　175
　　4　in＋月の名詞　176
　　5　before＋時を示す語①　177
　　6　before＋時を示す語②　178
　　7　after＋時を示す語①　179
　　8　after＋時を示す語②　180

```
        9   for＋数字＋名詞①  181
        10  for＋数字＋名詞②  182
        11  during＋時間  183
        12  by＋時を示す語  184
        13  until＋時を示す語  185
```

26　What＋名詞の各種表現 …………………………………… 186
```
        1   On what day ...?   186
        2   On what date ...?  187
        3   In what month ...? 188
        4   In what year ...?  190
        5   What time ...?  191
        6   What＋名詞 ...?  192
```

27　2つの未来表現 ……………………………………………… 194
```
        1   未来を表す will (1)   肯定文中の will    194
        2   未来を表す will (2)   疑問文中の will    200
```

28　未来を表す be going to＋動詞の原形 ……………… 206
```
    be going to do と will    209
        (1)  置き換えられないとき    209
        (2)  置き換えられるとき    212
```

3種類ある疑問文の作り方

　筆者は長年，英会話を教えてきました。その経験によると受講生のほとんどは次のようなミスをするのです。

① Does he kind?
② Does Seiyu open now?
③ Do you busy now?
④ Do your father play golf?
⑤ Are you live in Tokyo?
⑥ Are they play tennis?

上記の①〜⑥までの正解
① Is he kind?
② Is Seiyu open now?
③ Are you busy now?
④ Does your father play golf?
⑤ Do you live in Tokyo?
⑥ Do they play tennis?

　英会話を身につけたいと思っている人のほとんどは以上のよ

うなミスをするということは疑問文の正しい作り方をマスターしていないのです。疑問文の作り方は次の3つから構成されています。

① その文に一般動詞があるとき

文頭に Do か Does を使います。
① Do you live in Shibuya?
　（あなたは渋谷に住んでいるのですか）
② Does he take the subway to work?
　（彼は地下鉄で会社へ行くのですか）
③ Do they work under you?
　（彼等はあなたの下で働いているのですか）

② その文に一般動詞がないとき

文頭に be 動詞を使います。
① Is New York dangerous?
　（ニューヨークは危険ですか）
② Are you sleepy now?
　（あなたは今，眠いのですか）
③ Are they friendly to you?
　（彼等はあなたに親しみやすいですか）

③ 疑問詞が主語のとき

① How many people work in this office?
　　　主語　　　　　　動詞
（何人の人がこの事務所で働いているのですか）

② How many people do you work with?
　　　　　　　　　　　主語　動詞
（あなたは何人の人と一緒に働いているのですか）

③ Who works here?
　主語　動詞
（誰がここで働いているのですか）

④ Who do you work here with?
　　　　主語　動詞
（あなたは誰とここで働いているのですか）

①は疑問詞の部分が主語です。疑問詞が主語のときはたとえ一般動詞があっても do, does は不要になります。
②は主語は you です。従って do が必要になるのです。
③は疑問詞である who が主語です。従って，一般動詞である work があるのですが，do, does が不要になるのです。
④では主語は you です。従って，do が必要になるのです。

　それでは英会話で，上の3つの疑問文の型を使いこなせるようになるために，たくさんの実例で練習しましょう。

疑問文(1)

1 Do, Does が文頭にくる疑問文

その文に一般動詞があるときは，Be 動詞を文頭に置くのではなく，Do ...? か Does ...? の文型を使います。

● Do と Does の使い分け
　Does は 3 人称単数に使います。
　Do は 3 人称単数以外に使います。

● Your father は 2 人称か 3 人称なのか
　① Do your father speak English?
　② Does your father speak English?

上の文で①を書く人が多いのです。それは your が 2 人称なので，それにつられてミスするのです。しかし主語は「あなたのお父さん」です。
　つまり上の会話が成立するときは，your father は「話し手」でも「聞き手」でもないのです。従って，たとえ直前に your があっても 3 人称単数なのです。

1 3種類ある疑問文の作り方　17

〔練習問題1〕　下記の和文を英訳せよ。

(1)　あなたはゴルフをしますか。
(2)　あなたはピアノの練習をしますか。
(3)　あなたは経済学を教えていますか。
(4)　あなたは毎日ジョギングをしますか。
(5)　あなたは毎朝シャワーを浴びますか。
(6)　あなたは毎日ビルに会いますか。

〔語句のヒント〕　(2)練習する practice　(3)経済学 economics　(4)ジョギングする jog　(5)シャワーを浴びる take a shower

〔英訳〕　●印は必ず暗記しましょう。

●(1)　Do you play golf?
(2)　Do you practice the piano?
(3)　Do you teach economics?
(4)　Do you jog every day?
(5)　Do you take a shower every morning?
(6)　Do you see Bill every day?

〔発音ひと口メモ〕　economics は [iːkənámiks], jog は [dʒág] です。これらを正しく発音できる人は少ないのでよくテープを聞いて身につけて下さい。

〔練習問題 2〕　下記の和文を英訳せよ。

(1)　彼は出版社で働いているのですか。
(2)　彼は毎日残業するのですか。
(3)　彼は毎月出張するのですか。
(4)　彼女はポルトガル語を話しますか。
(5)　彼女は毎日庭を掃除するのですか。
(6)　彼女は歩いて学校に行くのですか。

〔語句のヒント〕　(1)出版社 publishing company　(2)残業する work overtime　(3)出張する travel on business　(4)ポルトガル語 Portuguese　(5)掃除する clean　(6)歩いて on foot

〔英訳〕
●(1)　Does he work for a publishing company?
(2)　Does he work overtime every day?
(3)　Does he travel on business every month?
(4)　Does she speak Portuguese?
(5)　Does she clean the yard every day?
(6)　Does she go to school on foot?

〔発音ひとロメモ〕　publish は [pʌ́bliʃ], Portuguese は [pɔ̀ərtʃugíːz] です。よくテープを聞いて下さい。

1 3種類ある疑問文の作り方

〔練習問題3〕 下記の和文を英訳せよ。

(1) あなたのお父さんは会社へ車で行くのですか。
(2) あなたのお母さんはギリシャ語を話しますか。
(3) あなたのお姉さんは毎日バイオリンの練習をするのですか。
(4) あなたのおばあさんは毎日午後昼寝をするのですか。
(5) あなたのお兄さんはワンルームマンションに住んでいるのですか。
(6) あなたのお兄さんは大蔵省で働いているのですか。

〔語句のヒント〕 (2)ギリシャ語 Greek (3)練習する practice (4)おばあさん grandmother 昼寝する take a nap (5)ワンルームマンション studio (6)大蔵省 the Finance Ministry

〔英訳〕
●(1) Does your father drive to the office?
(2) Does your mother speak Greek?
(3) Does your sister practice the violin every day?
(4) Does your grandmother take a nap every afternoon?
(5) Does your brother live in a studio?
(6) Does your brother work for the Finance Ministry?

〔発音ひとロメモ〕 Greek は [gríːk], violin は [vàiəlín], nap は [nǽp], studio は [stúːdiou], Finance は [faìnǽns], Ministry は [mínistri] です。テープをよく聞いて下さい。

●●● **ワンポイント情報** ●●●

ワンルームマンションは studio apartment と言うのですが，会話では apartment を省略して使うのが普通です。

2 疑問詞が入った疑問文

日本語では疑問詞は文頭に必ずしもこないのですが，英語では必ず文頭にきます。しっかり頭に入れましょう。

① Where do you live?
　（あなたはどこに住んでいるのですか）
② What do you want?
　（あなたは何が欲しいのですか）
③ When do you go there?
　（あなたはいつそこへ行くのですか）
④ Why do you like London?
　（あなたはどうしてロンドンが好きなのですか）

1 3種類ある疑問文の作り方

〔練習問題1〕 下記の和文を英訳せよ。

(1) あなたのお兄さんはどこで働いていますか。
(2) あなたの妹さんはどこでオランダ語を学んでいますか。
(3) あなたは毎日どこで昼食を食べますか。
(4) ビルはどこに住んでいますか。
(5) あなたは毎朝どこで電車を乗り換えますか。

〔語句のヒント〕 (1)兄 older brother (2)妹 little sister　オランダ語 Dutch　(3)食べる have　(5)電車を乗り換える change trains

〔英訳〕
●(1) Where does your older brother work?
(2) Where does your little sister study Dutch?
(3) Where do you have lunch every day?
(4) Where does Bill live?
(5) Where do you change trains every morning?

〔発音ひとロメモ〕 Dutch は [dʌtʃ] と発音し，最後の [tʃ] は口を少しとがらして発音しましょう。

●●● ワンポイント情報 ●●●

older brother(兄さん)は elder brother, big brother とも言います。little sister(妹)は younger sister とも言います。

〔練習問題 2〕 下記の和文を英訳せよ。

(1) あなたのお父さんは何が好きですか。
(2) あなたは毎週日曜日に何をしますか。
(3) あなたは朝食に何を食べますか。
(4) あなたは夕食の後何を飲みますか。
(5) あなたのお母さんは中央大学で何を教えていますか。
(6) あなたは何が必要なのですか。

〔語句のヒント〕 (2)する do (3)朝食に for breakfast (4)夕食 dinner (5)大学 university

〔英訳〕
●(1) What does your father like?
 (2) What do you do every Sunday?
 (3) What do you eat for breakfast?
 (4) What do you drink after dinner?
 (5) What does your mother teach at Chuo University?
 (6) What do you need?

〔発音ひとロメモ〕 university は [juːnəvə́ːsəti] で，ver のところにアクセントがあります。

••● ワンポイント情報 ●••

「夕食」は以前に supper も使われていましたが，今は dinner の方がずっと使われています。

〔練習問題３〕　下記の和文を英訳せよ。

(1)　あなたはいつアメリカに行きますか。
(2)　彼はいつ日本に来ますか。
(3)　あなたはいつ私のタイプライターが必要なのですか。
(4)　あなたはいつ彼らに会いますか。
(5)　彼はいつ立ち寄りますか。

〔語句のヒント〕　(5)立ち寄る drop in

〔英訳〕
●(1)　When do you go to America?
(2)　When does he come to Japan?
(3)　When do you need my typewriter?
(4)　When do you see them?
(5)　When does he drop in?

〔発音ひとロメモ〕　typewriter は [táipraitɚ] です。第１音節にアクセントがあります。

〔練習問題4〕 下記の和文を英訳せよ。

(1) 彼はなぜ私の秘密を知っているのですか。
(2) 彼はなぜ毎日そこへ行くのですか。
(3) あなたはなぜ彼を尊敬しているのですか。
(4) あなたはなぜ彼を避けているのですか。
(5) あなたはなぜ私の助言が必要なのですか。
(6) 彼女はなぜ彼を嫌っているのですか。
(7) あなたはなぜ彼とうまくやっていけないのですか。

〔語句のヒント〕 (1)秘密 secret (3)尊敬する respect (4)...を避けている stay away from ... (7)...とうまくやっていく get along with ...

〔英訳〕
●(1) Why does he know my secret?
(2) Why does he go there every day?
(3) Why do you respect him?
(4) Why do you stay away from him?
(5) Why do you need my advice?
(6) Why does she hate him?
(7) Why don't you get along with him?

〔発音ひとロメモ〕 secret は [síːkrit], respect は [rispékt] です。テープでしっかり覚えて下さい。

疑問文(2)

3 Be 動詞が文頭にくる疑問文

　その文に一般動詞がないとき，つまり形容詞か名詞しかないときは主語に合わせた Be 動詞を文頭に置きます。

① Are you busy? (あなたは忙しいですか)
② Is he kind? (彼は親切ですか)
③ Are they students? (彼等は学生ですか)
④ Is Mary a waitress? (メアリーはウエイトレスですか)
⑤ Am I wrong? (私は間違っていますか)

　上の①~⑤までの文には go, come, have のような一般動詞がありません。従って文頭に Do, Does を使えないのです。しかし，この区別をすることができない人が多く Does he busy? Does he kind? Do you hungry? と書く人が多いので気をつけましょう。

〔練習問題1〕 下記の和文を英訳せよ。

(1) あなたは小説家なのですか。
(2) あなたは税理士なのですか。
(3) あなたは彼の秘書なのですか。
(4) あなたは薬剤師なのですか。
(5) あなたは公務員なのですか。
(6) あなたは警備員なのですか。

〔語句のヒント〕 (1)小説家 novelist (2)税理士 tax specialist (3)秘書 secretary (4)薬剤師 chemist (5)公務員 civil servant (6)警備員 security guard

〔英訳〕
●(1) Are you a novelist?
(2) Are you a tax specialist?
(3) Are you his secretary?
(4) Are you a chemist?
(5) Are you a civil servant?
(6) Are you a security guard?

〔発音ひとロメモ〕 guard は [gáəd] で日本語とは違います。テープをよく聞いて正しい発音を身につけましょう。

●●● ワンポイント情報 ●●●

(4)の chemist が「薬剤師」の意味で使われるのはイギリス英語です。アメリカ英語では pharmacist, druggist が使われています。

1　3種類ある疑問文の作り方　27

〔練習問題2〕　下記の和文を英訳せよ。

(1)　伊勢丹は今開いていますか。
(2)　彼は有名なのですか。
(3)　サンフランシスコは安全な町ですか。
(4)　彼の家は美しいですか。
(5)　彼女のご主人は背が高いですか。

〔語句のヒント〕　(1)開いている be open　(2)有名な famous　(3)安全な safe　(5)ご主人 husband

〔英訳〕
●(1)　Is Isetan open now?
(2)　Is he famous?
(3)　Is San Francisco a safe city?
(4)　Is his house beautiful?
(5)　Is her husband tall?

〔練習問題3〕　下記の和文を英訳せよ。

(1)　この本は面白いですか。
(2)　彼はあなたのことを怒っているのですか。
(3)　彼は長男ですか。
(4)　彼女はあなたに親切ですか。
(5)　彼の車は白いのですか。
(6)　彼女は慶応の講師ですか。

〔語句のヒント〕　(2)怒っている angry　(3)長男 oldest son　(4)親切な nice　(6)講師 instructor

〔英訳〕
● (1) Is this book interesting?
(2) Is he angry with you?
(3) Is he the oldest son?
(4) Is she nice to you?
(5) Is his car white?
(6) Is she an instructor at Keio?

●●● ワンポイント情報 ●●●

(2)の「怒っている」には類語があります。① I'm upset. ② I'm angry. ③ I'm mad. ④ I'm furious. ①が一番弱く，④が一番強い表現です。

(6)の instructor「講師」はアメリカ英語で，イギリス英語では lecturer が使われています。lecturer はアメリカでは「講演講師」になります。

疑問文(3)

4 疑問詞が主語として働いている疑問文

初めの解説編で説明した通り疑問詞が主語として働いているときは，たとえ一般動詞があっても do, does は不要になります。この型も英会話ではよく使われていますので，しっかり練習して完全に身につけてしまいましょう。

〔練習問題〕 下記の和文を英訳せよ。

(1) 誰が彼の話を信じているのですか。
(2) 誰があのレストランを所有しているのですか。
(3) 誰が彼の奥さんを知っているのですか。
(4) 何人の人があの会社で働いていますか。
(5) 何人の人が毎日新宿駅を利用しているのですか。
(6) 何人の人がこのアパートに住んでいるのですか。

〔語句のヒント〕 (1)信じている believe (2)所有している own (5)利用している use (6)アパート apartment house

〔英訳〕
●(1) Who believes his story?
(2) Who owns that restaurant?
(3) Who knows his wife?
(4) How many people work in that office?
(5) How many people use Shinjuku Station every day?
(6) How many people live in this apartment house?

2 否定文の作り方

否定文(1)

1 一般動詞を否定する場合

その文に一般動詞があるときはdon't, doesn'tで否定します。

① I don't work on Sunday.
（私は日曜日には働きません）
② We don't work on Sunday.
（私達は日曜日には働きません）
③ He doesn't work on Sunday.
（彼は日曜日には働きません）
④ She doesn't work on Sunday.
（彼女は日曜日には働きません）
⑤ They don't work on Sunday.
（彼等は日曜日には働きません）

2 否定文の作り方　31

〔練習問題１〕　下記の和文を英訳せよ。

(1)　私は彼を知りません。
(2)　私は彼を信用していません。
(3)　私はタバコを吸いません。
(4)　私はアルコールを飲みません。
(5)　私は朝食を食べません。

〔語句のヒント〕　(2)信用する trust　(3)タバコを吸う smoke　(4)アルコール alcohol

〔英訳〕

●(1)　I don't know him.
(2)　I don't trust him.
(3)　I don't smoke.
(4)　I don't drink alcohol.
(5)　I don't eat breakfast.

〔発音ひとロメモ〕　alcohol の発音は記号で書けば [ǽlkəhɔːl] となり，初めの a にアクセントがあります。覚えておきましょう。

〔練習問題2〕 下記の和文を英訳せよ。

(1) 私達はあなたに同意しません。
(2) 私達は朝早く起きません。
(3) 私達は甘いものが好きではありません。
(4) 彼等は一生懸命働きません。
(5) 彼等はジャイアンツを応援しません。
(6) 彼等は日曜日に外食をしません。

〔語句のヒント〕 (1)〜に同意する agree with (3)甘いもの sweets (5)〜を応援する root for (6)外食する eat out

〔英訳〕
●(1) We don't agree with you.
(2) We don't get up early in the morning.
(3) We don't like sweets.
(4) They don't work hard.
(5) They don't root for the Giants.
(6) They don't eat out on Sunday.

〔練習問題3〕 下記の和文を英訳せよ。

(1) 息子は私に似ていません。
(2) 娘は私に話しかけません。
(3) 彼女は甘いものが好きではありません。
(4) 彼女はそれを覚えていません。
(5) 彼は風邪をひいていません。
(6) 彼は咳が出ません。

〔語句のヒント〕 (1)似ている look like (2)…に話しかける speak to (4)覚えている remember (5)風邪をひいている have a cold (6)咳が出る have a cough

〔英訳〕
●(1) My son doesn't look like me.
(2) My daughter doesn't speak to me.
(3) She doesn't like sweets.
(4) She doesn't remember that.
(5) He doesn't have a cold.
(6) He doesn't have a cough.

〔発音ひとロメモ〕 (4)の that は[ðæt]ですから，まず th のところで舌を上下の歯にはさみ，a のところで口を左右に強く引いて発音しましょう。(6)の have と cough の[v]と[f]を発音するときは同じです。つまり上の歯で下唇を軽くかんで摩擦させることにより出す音です。

否定文(2)

2 Be 動詞を否定する場合

その文に一般動詞がないときは Be 動詞を否定形にして否定します。

    I'm not young.（私は若くない）
    You aren't right.（あなたは正しくない）
    He isn't right.（彼は正しくない）
    They aren't right.（彼等は正しくない）

〔練習問題1〕　下記の和文を英訳せよ。
(1)　私はお腹がすいていません。
(2)　私は病気ではありません。
(3)　私は社交的ではありません。
(4)　私は気前がよくありません。
(5)　私はけちではありません。
(6)　私は疲れていません。

〔語句のヒント〕　(2)病気です be ill　(3)社交的である be sociable　(4)気前がいい be generous　(5)けちです be stingy　(6)疲れている be tired

〔英訳〕

●(1) I'm not hungry.
(2) I'm not ill.
(3) I'm not sociable.
(4) I'm not generous.
(5) I'm not stingy.
(6) I'm not tired.

〔発音ひとロメモ〕 sociable は [sóuʃəbl], generous は [dʒénərəs] です。

〔練習問題 2〕 下記の和文を英訳せよ。
(1) あなたは間違っていません。
(2) あなたは私にフェアではありません。
(3) あなたは遅れていません。
(4) あなたはそれに責任がありません。
(5) あなたは注意深くない。

〔語句のヒント〕 (4)…に責任がある be responsible for

〔英訳〕
●(1) You're not wrong.
(2) You're not fair to me.
(3) You're not late.
(4) You aren't responsible for it.
(5) You aren't careful.

〔練習問題3〕 下記の和文を英訳せよ。

(1) 日本人はなまけものではありません。
(2) アメリカ人は勤勉ではありません。
(3) イギリス人は外人に親しみやすくありません。
(4) あの人達は正直ではありません。
(5) これらの本は面白くありません。
(6) あれらの車は新しくありません。

〔語句のヒント〕 (1)なまけもの be lazy (2)勤勉な hardworking (3)外国人 foreigner

〔英訳〕
●(1) Japanese people aren't lazy.
(2) American people aren't hardworking.
(3) British people aren't friendly to foreigners.
(4) Those people aren't honest.
(5) These books aren't interesting.
(6) Those cars aren't new.

2 否定文の作り方

〔練習問題4〕 下記の和文を英訳せよ。

(1) 日本は危険ではありません。
(2) 彼は貧乏ではありません。
(3) うちの会社は大きくありません。
(4) 私の車は新しくありません。
(5) 私のアパートは静かではありません。
(6) あの時計は進んでいません。
(7) 私の時計は遅れていません。

〔語句のヒント〕 (5)静かな quiet (6)進んでいる be fast (7)遅れている be slow

〔英訳〕

●(1) Japan isn't dangerous.
(2) He isn't poor.
(3) Our company isn't big.
(4) My car isn't new.
(5) My apartment isn't quiet.
(6) That clock isn't fast.
(7) My watch isn't slow.

〔練習問題5〕 下記の和文を英訳せよ。

(1)　この服は派手ではないです。
(2)　このレストランの料理はおいしくないです。
(3)　この生地はもちがよくないです。
(4)　この牛乳はくさっていません。
(5)　値段は手ごろではないです。

〔語句のヒント〕 (1)派手な showy　(2)おいしい delicious　(3)生地 fabric　もちがよい durable　(4)くさっている sour　(5)適正な,手ごろな reasonable

〔英訳〕
●(1)　This dress isn't showy.
(2)　The food in this restaurant isn't delicious.
(3)　This fabric isn't durable.
(4)　This milk isn't sour.
(5)　The price isn't reasonable.

〔発音ひとロメモ〕　reasonable は [ríːznəbl] で下線 o の部分は発音されません。

●●● ワンポイント情報 ●●●

　showy の同意語には gaudy, loud, 反意語には quiet, subdued, conservative があります。

2つの働きを持っている Do と Does

Do と Does は下記の3つの機能を持っています。
(1) 疑問文を作るときに使われる。
(2) 動詞のくり返しを避けるときに使われる。
(3) 動詞を強調するときに使われる。

① Do you like dogs?（あなたは犬が好きですか）
② Yes, I do.（はい，私は好きです）
③ I do like dogs.（私は犬が本当に好きです）

①の Do は疑問文を作るために使われています。
②の do は動詞 like の繰り返しを避けるために使われています。
③は like を強調しています。

〔読むときの注意〕

①の疑問文を構成している文頭の Do は軽く読みます。
②の動詞の繰り返しを避けるときに使われる do は少し強く読みます。
③は②よりずっと強く読む。
では会話で自由に使えるように練習しましょう。

1 動詞のくり返しを避ける代動詞の do

〔練習問題〕 下記の和文を英訳せよ。

(1) 彼は私より早く起きます。
(2) 彼は私より住宅市場をよく知っています。
(3) 彼は私より遅くパーティーに来ました。
(4) 彼は私より熱心に勉強します。
(5) 彼は私より食べるのが速い。
(6) 彼は私より流暢にフランス語を話します。

〔語句のヒント〕 (1)早く early (2)住宅市場 housing market (3)遅く late (4)熱心に hard (5)速い fast (6)流暢に well

〔英訳〕

●(1) He gets up earlier than I do.
 (2) He knows the housing market better than I do.
 (3) He came to the party later than I did.
 (4) He studies harder than I do.
 (5) He eats faster than I do.
 (6) He speaks French better than I do.

●●● ワンポイント情報 ●●●

early(早く)，fast(速く)は漢字が示しているように前者は時刻とか，順番に使われ，後者は速度に使います。

2　過去の動詞のくり返しを避ける代動詞の did

〔**練習問題**〕　下記の和文を英訳せよ。

(1)　ビルは彼女より10分早くここへ来た。
(2)　ビルは彼女より30分遅く起きた。
(3)　メアリーは彼女より熱心に勉強した。
(4)　メアリーは彼女より頻繁に私を手伝ってくれた。
(5)　メアリーは私達よりエネルギッシュに働いた。
(6)　メアリーは私達より流暢にロシア語を話した。

〔**語句のヒント**〕　(1)早く early　(2)遅く late　(3)熱心に hard　(5)エネルギッシュに energetically　(6)流暢に fluently

〔**英訳**〕

- ●(1)　Bill got here ten minutes earlier than she did.
- (2)　Bill got up half an hour later than she did.
- (3)　Mary studied harder than she did.
- (4)　Mary helped me more often than she did.
- (5)　Mary worked more energetically than we did.
- (6)　Mary spoke Russian more fluently than we did.

4 動詞の語尾に s または es がつくとき

3 単現と s

　筆者の指導経験によりますと「3 単現」という言葉は知っている人が多いのですが，これが何のことかはっきり理解していない人が多数います。
　「3」とは主語が 3 人称，「単」とは単数，「現」とは動詞が現在ということです。つまり主語が 3 人称単数で，現在のときには動詞に s または es がつくということなのです。では，下記で s と es のつけ方を勉強しましょう。

● es をつけるとき
　① 動詞の語尾の発音が [s] [z] [ʃ] [tʃ] で終わる語
　　　例　mi<u>sses</u>, mi<u>xes</u>, bu<u>zzes</u>, wa<u>shes</u>, wat<u>ches</u>
　② 語尾のスペリングが o で終わるとき
　　　例　go<u>es</u>　ただし go についた es の発音は他の語と違って [iz] と発音されず「góuz」と発音します。テープでしっかり聴いて下さい。
　③ 語尾が子音＋y のときは y を i にして es をつけます。

4 動詞の語尾にsまたはesがつくとき

例　study → stud<u>ies</u>

〔練習問題1〕　下記の和文を英訳せよ。
(1)　彼はアメリカの食べ物が恋しいんです。
(2)　彼は家族がいなくて淋しがっています。
(3)　彼は毎朝髪を洗います。
(4)　彼は毎晩テレビを見ます。
(5)　彼は毎日会社へ行きます。
(6)　彼は慶応で化学を教えています。

〔語句のヒント〕　(6)化学 chemistry

〔英訳〕
●(1)　He misses American food.
(2)　He misses his family.
(3)　He washes his hair every morning.
(4)　He watches TV every evening.
(5)　He goes to the office every day.
(6)　He teaches chemistry at Keio.

〔練習問題 2〕 下記の和文を英訳せよ。

(1) メアリーは英語，フランス語，ドイツ語を勉強しています。
(2) ビルは毎朝テレビを見ます。
(3) ジェーンは毎朝郵便局のそばを通ります。
(4) ジュディは毎朝髪を洗います。
(5) 花子は毎年アメリカに行きます。

〔語句のヒント〕 (1)科目 subject (3)そばを通る pass

〔英訳〕
●(1) Mary studies English, French and German.
 (2) Bill watches TV every morning.
 (3) Jane passes the post office every morning.
 (4) Judy washes her hair every morning.
 (5) Hanako goes to America every year.

●●● ワンポイント情報 ●●●

(3) the post office は the Post Office と大文字小文字の両方が使われています。

5 注意すべき「私は…が好きです」 I like ...

筆者の長い指導経験によると「私は…が好きです」という文を正しく話せる人が少ないのです。一見やさしいようでかなり英語力のある人でもミスをする一点なのです。さっそく会話で使えるように練習してみましょう。

〔練習問題1〕 下記の和文を英訳せよ。

(1) 私はリンゴが好きです。
(2) 私はうさぎが大好きです。
(3) 私はロシア民謡が好きです。
(4) 私は猫は好きではありません。
(5) 私はメロドラマが好きです。
(6) 私は明るい色が好きです。
(7) 私は派手な色は好きではありません。
(8) 私は白ワインが好きです。
(9) 私はフランス料理が好きです。
(10) 私は牛肉が好きです。

〔語句のヒント〕 (2)うさぎ rabbit (5)メロドラマ soap opera (6)明るい色 bright color (7)派手な showy

〔英訳〕

- (1) I like apples.
- (2) I like rabbits a lot.
- (3) I like Russian folk songs.
- (4) I don't like cats.
- (5) I like soap operas.
- (6) I like bright colors.
- (7) I don't like showy colors.
- (8) I like white wine.
- (9) I like French food.
- (10) I like beef.

●●● ワンポイント情報 ●●●

「…が好きです」と述べたいときは，単数形と複数形が使われます。数えられない不可算名詞ならば単数形を使います。可算名詞の場合，複数形で表現します。日本語では複数であっても単数形で述べられるので注意しましょう。

日本語は「私は一人の学生です」とか「私達は学生達です」とは言いません。

●ミスをしない㊙

「私は犬が好きです」ということは、この世の中にいる犬全部のことを言及しています。世の中のものを全部、言及しているときは犬に限らず複数形を使うことをしっかり頭に入れて下さい。

 I like apples.（私はリンゴが好きです）

ついでに次のことも整理しておきましょう。

① I like children.（私は子供が好きです）
② I like the children here.（私はここにいる子供が好きです）
③ I want some children.（私は子供が欲しい）

①は広い意味で述べている文です。
②はここにいる子供と限定されるので日本語に訳せない the が必要なのです。
③の some は日本語で「何人か」と訳す場合もありますが「私は子供が欲しい」とも言います。これを直訳して、I want children. と述べる人が多いのですが、これは世界中の子供全部のことを言及することになるので英米人はふつう言いません。

〔練習問題2〕 下記の和文を英訳せよ。

(1) 私は春が好きです。
(2) 私は冬は好きではありません。
(3) 私は夏が一番好きです。
(4) 私は水曜日が一番好きです。
(5) 私は10月が一番好きです。

〔英訳〕

● (1) I like spring.
(2) I don't like winter.
(3) I like summer best.
(4) I like Wednesday best.
(5) I like October best.

●●● ワンポイント情報 ●●●

We swim in the summer.（私達は夏, 泳ぎます）と言います。これがよく頭に入っている人は次のミスをやる人が多いので注意しましょう。

I like in the summer best.
I like on Sunday best.

確かに季節の前には in, 曜日の前には on を使います。しかし, それは「夏に」「日曜日に」の「に」がある場合に使う前置詞です。「夏が好きです」「水曜日が好きです」と述べるときには「…に」はありません。従って, 前置詞は不要になるのです。

6 命令文

1 一般動詞があるときは動詞の原形を文頭に置きます。

① Come on Monday.
　（月曜日に来て下さい）
② Call me around 5:00.
　（5時頃、お電話下さい）

2 郡動詞のときは次のように命令文を作ります。
　switch on, put on のように2語で構成されている動詞、これらを郡動詞と呼びます。これらの郡動詞を代名詞と共に使う時と、名詞と一緒に使う時とでは使い方が違います。
　代名詞と共に使う時は次のように中に代名詞をはさみます。

① Put it on.（それを着なさい）
② Switch it on.（スイッチを入れなさい）
③ Turn them on.（それらをつけなさい）

　上の①②③を Put on it. Switch on it. Turn on them. とは言えません。しかし代名詞を使わずに名詞で表現すれば次のよう

に中に入れても，外に出しても正しい使い方です。

① Put on your jacket = Put your jacket on.
（上着を着なさい）
② Switch on the air-conditioner = Switch the air-conditioner on.（クーラーをつけて下さい）
③ Turn on the lights. = Turn the lights on.
（電気をつけて下さい）

3 一般動詞がないときは Be を文頭に置きます。

① Be quiet.
（静かにして下さい）
② Be kind to him.
（彼に親切にしなさい）
③ Be careful.
（注意しなさい）

Be を文頭に使う理由

上の①②③を肯定文にしてみましょう。

① I am quiet.
（私は静かです）
② You are kind to him.
（あなたは彼に親切です）

③ He is careful.
(彼は注意深い)

①②③いずれも一般動詞がありません。これらの文で動詞は am, is, are です。命令文は動詞の原形を文頭に出します。am, is, are の原形は Be です。従って，一般動詞がないとき命令文にするには，Be ... の型が使われるのです。

4 否定の命令文は Don't＋動詞の原形を文頭に置きます。

① Don't call me after 10:00.
(10時過ぎに私に電話しないで下さい)
② Don't talk to him.
(彼と話をしないで下さい)
③ Don't smoke here.
(ここでタバコを吸わないで下さい)

1 命令文(1) 動詞＋名詞

〔練習問題〕 下記の和文を英訳せよ。

(1) タクシーで行きなさい。
(2) 電話に出て下さい。
(3) いつかお立ち寄り下さい。
(4) 私に本当のことを話しなさい。
(5) 私の話を聞いて下さい。
(6) 私に夕食をおごって下さい。

〔語句のヒント〕 (1)で行く take (2)に出る answer (3)立ち寄る stop in (4)本当のことを話す tell the truth (5)私の話 me (6)おごる buy

〔英訳〕
●(1) Take a taxi.
(2) Answer the phone.
(3) Stop in someday.
(4) Tell me the truth.
(5) Listen to me.
(6) Buy me dinner.

●●● ワンポイント情報 ●●●

(1)「タクシーで行く」を Go by taxi. とも言えますが，Take a taxi. の方がずっとよく使われています。

2 命令文(2)
動詞＋代名詞＋前置詞

〔練習問題〕 下記の和文を英訳せよ。

(1) それをあきらめなさい。
(2) 彼を見送りなさい。
(3) 彼等を起こして下さい。
(4) それを捨てなさい。
(5) それをつけなさい。
(6) それを脱ぎなさい。

〔語句のヒント〕 あきらめる give up　(2)見送る see one off　(3)起こす wake one up　(4)捨てる throw away　(5)つける turn on　(6)脱ぐ take off

〔英訳〕
●(1)　Give it up.
(2)　See him off.
(3)　Wake them up.
(4)　Throw it away.
(5)　Turn it on.
(6)　Take it off.

3 命令文(3) Be＋形容詞

〔練習問題〕 下記の和文を英訳せよ。

(1) 静かにしなさい。
(2) 気をつけて下さい。
(3) 彼等に親切にしなさい。
(4) 彼等に親しみやすくなりなさい。
(5) 彼等に愛想よくしなさい。
(6) 冷静になりなさい。

〔語句のヒント〕 (1)静かである be quiet (2)気をつける be careful (3)親切である be kind (4)親しみやすい be friendly (5)愛想よくする be nice (6)冷静である be cool

〔英訳〕

●(1) Be quiet.
(2) Be careful.
(3) Be kind to them.
(4) Be friendly to them.
(5) Be nice to them.
(6) Be cool.

4 命令文(4) Be＋a＋形容詞＋名詞

「よい指導者になって下さい」と述べるとき Become a good leader. とやる人が多いのです。しかし英語では Be a good leader. と言います。「…になる」＝become と考える人が多いのですが名詞が続くときの「…になる」には be の方がよく使われています。

ここでなぜ Be を文頭に使うのかを考えてみましょう。

You are a good leader.
（あなたはよい指導者です）

上の文中の動詞は are です。命令文は動詞の原形を文頭に出します。are の原形は Be です。したがって Be a good leader. と Be が文頭にくるのです。では会話で使えるように実例で練習しましょう。

〔練習問題〕 下記の和文を英訳せよ。

(1) よい学生になりなさい。
(2) 弟たちのよい見本になりなさい。
(3) よい市民になりなさい。
(4) 負けてもぶつぶつ言わない人になりなさい。
(5) よい息子になりなさい。
(6) さっぱりした人になりなさい。
(7) 聞き上手になって下さい。

〔語句のヒント〕 (2)見本 example　(3)市民 citizen　(4)負けてもぶつぶつ言わない人 good loser　(5)よい息子 good boy　(6)さっぱりした good sport

〔英訳〕
- (1)　Be a good student.
- (2)　Be a good example to your brothers.
- (3)　Be a good citizen.
- (4)　Be a good loser.
- (5)　Be a good boy.
- (6)　Be a good sport.
- (7)　Be a good listener.

5 否定の命令文(5)　Don't＋一般動詞

「…してはいけません」とか「…しないで下さい」と言いたい時この型を使います。

〔練習問題〕　下記の和文を英訳せよ。
- (1)　働き過ぎては駄目ですよ。
- (2)　彼に話しかけないで下さい。
- (3)　私に10時過ぎは電話しないで下さい。
- (4)　食べ過ぎないで下さい。
- (5)　彼に妥協しないで下さい。
- (6)　彼の感情をもて遊んでは駄目ですよ。

〔語句のヒント〕 (1)働き過ぎる work too hard (2)話しかける speak to (3)10時過ぎ after 10:00 (4)食べ過ぎる eat too much (5)妥協する compromise (6)感情をもて遊ぶ play with one's feelings

〔英訳〕
- (1) Don't work too hard.
- (2) Don't speak to him.
- (3) Don't call me after 10:00.
- (4) Don't eat too much.
- (5) Don't compromise with him.
- (6) Don't play with his feelings.

7 the と a の使い方

　筆者の教えている経験によると英語学習者は the と a の使い方をマスターできていない人が多数います。原因は適切な解説をした文法書がないことにあります。
　両者は次のように使い分ければいいのです。

the を使うとき

(1) この世に 1 つしかないものにつけます。
　　　the sun（太陽）　the moon（月）　the earth（地球）
　　　the sea（海）　the sky（空）
(2) この世にはたくさんあるけれどその場面でひとつしかないものにつけます。
　　　① Open the door.（ドアを開けて下さい）
　　　② My book is on the table.
　　　　　（私の本はテーブルの上にあります）
　　　③ Let's go to the library.（図書館へ行きましょう）
　①の door, ②の table, ③の library はこの世の中にはたくさんあります。しかし，この話の場面ではひとつしかありません。従って the をつけるのです。

a, an を使うとき

　a, an は話の場面で2人, 2つ, 2個, 2冊, 2本以上ある時につけます。この a, an はふつう日本語に訳せません。

　a と an の使い分けは前者は子音の前で, 後者は母音の前で使います。ここで注意しなければならないことはスペリングではなく発音が子音か母音かで a と an を使い分ける必要があります。

① 〈a＋子音〉 I have a Canadian friend.
　　　　　　　（私にはカナダの友人がいます）
② 〈an＋母音〉 I have an Italian friend.
　　　　　　　（私にはイタリアの友人がいます）
③ 〈a＋子音〉 I have a European friend.
　　　　　　　（私にはヨーロッパの友人がいます）

　上の①, ②, ③の和訳に見られるように a は日本語では表せません。従ってこの a と an が英語を話すときに使えないのです。

　以上のことを理解しただけでなく会話で自由自在に使えるように練習しましょう。

〔練習問題1〕　下記の和文を英訳せよ。

(1)　彼は早稲田大学の教授です。
(2)　彼は早稲田大学の学長です。
(3)　彼は営業部長です。
(4)　彼は営業部の一員です。
(5)　彼はこの会社の社長です。
(6)　彼はこの会社の社員です。

〔語句のヒント〕　(1)教授 professor　(2)学長 president　(3)営業部長 the General Manager of the Business Division　(4)一員 a member　(5)社長 the President

〔英訳〕
●(1)　He's a professor at Waseda University.
　(2)　He's the President of Waseda University.
　(3)　He's the General Manager of the Business Division.
　(4)　He's a member of the Business Division.
　(5)　He's the President of this company.
　(6)　He's an employee of this company.

〔解説〕

(1)　早稲田大学の教授は2人以上います。従ってaを使います。しかし(2)の学長は1人しかいないのでaではなくtheを使います。

(3) 営業部長は1人です。従ってthe を使います。しかし(4)の営業部員は2人以上いるのですからthe ではなくa を使います。
(5) 社長は1人です。従ってthe を使います。
(6) 社員は2人以上いるのでa を使います。

〔練習問題2〕 下記の和文を英訳せよ。
(1) あなたは今朝バスに間に合いましたか。
(2) 試験は難しかったですか。
(3) (ニューヨークを旅行中)医者に見てもらいなさい。
(4) 彼女は駅で背の高い男性と話していました。
(5) あなたは入口の所にいる背の高い男性を知っていますか。
(6) 今朝私は公園でハンサムな男性を見ました。

〔語句のヒント〕 (1)間に合う catch (2)難しい hard (3)見てもらう see

〔英訳〕
●(1) Did you catch the bus this morning?
(2) Was the test hard?
(3) See a doctor.
(4) She was talking to a tall guy at the station.
(5) Do you know the tall guy at the door?
(6) This morning I saw a good-looking guy in the park.

解説

(1) バスに間に合ったかどうかということは特定のバスつまり毎朝乗る 8 時10分のバスのように特定のバスを指して 1 台しかないのです。従って the を使うのです。

(2) 試験は特定の試験を言及しているのでひとつなのです。従って the を使います。

(3) ニューヨークを旅行中なら日常かかりつけの医者はいないことになります。ニューヨークには医者は 2 人以上いるので the でなく a を使うのです。日本にいればかかりつけの医者がいるので a ではなく See the doctor. と the になります。

(4) 駅は多数ありますがこの場面ではある特定の駅を言及しています。つまりひとつなのです。従って the を使いますが背の高い男性は 2 人以上いますので the ではなく a を使うのです。

(5) 入口にいる背の高い男性は特定, つまりこの場面で 1 人しかいないので a ではなく the を使います。

(6) 公園はこの世の中に多数あります。しかしこの場面では特定の公園を言及しているので a が the になるのです。しかしハンサムな男性は公園に 2 人以上いるので, the でなく a になるのです。

the と a, an のマスターの㊙

　the と a, an をきちんと使い分けられない人が多いのは文法書に適切な解説がないからであると初めに書きました。筆者にとっても難しかった時期があるのです。これを克服できたのはアメリカにいたときなのです。それもある日突然，到達できたのです。つまり開眼したのです。これは誇張ではないのです。出版されている英文法書に今だに筆者がここに書いた解説，つまり the は話している場面でひとつ，1 人しかいない時に使い，a, an は 2 人，2 本，2 台，2 冊以上のときに使うというこの「2」という解説がないのです。

　「2」以上という簡単，明快な解説がないのです。もう一度くり返します。the は「1」のとき，a, an は「2」以上のときに使うのです。これで自信を持って両者を使い分けられるはずです。

8 These と Those

1 These と Those の品詞は？

These は This の，Those は That のそれぞれ複数形です。These，Those は代名詞と形容詞の2つの顔を持っていますので，ここできちんとマスターしてしまいましょう。

- These
    - These are my books. 〈代名詞〉
    - （これらは私の本です）
    - These books are mine. 〈形容詞〉
    - （これらの本は私のものです）
- Those
    - Those are my books. 〈代名詞〉
    - （あれらは私の本です）
    - Those books are mine. 〈形容詞〉
    - （あれらの本は私のものです）

8 TheseとThose

〔練習問題1〕 下記の和文を英訳せよ。

(1) これらは私の本です。
(2) これらは彼の本です。
(3) これらは私達の本です。
(4) これらはジムの本です。
(5) これらは彼らの本です。
(6) これらはトムの本です。
(7) これらは母の本です。

〔英訳〕

●(1) These are my books.
(2) These are his books.
(3) These are our books.
(4) These are Jim's books.
(5) These are their books.
(6) These are Tom's books.
(7) These are my mother's books.

〔発音ひとロメモ〕 These は [ðiːz] と発音します。[ð] は舌を上下の歯間に軽くはさんで摩擦して出す音です。

〔練習問題2〕 下記の和文を英訳せよ。

(1) これらの本は私のものです。
(2) これらの本は彼女のものです。
(3) これらの本は私達のものです。
(4) これらの本はあなたのものです。
(5) これらの本は彼らのものです。

(6) これらの本は彼のものです。
(7) これらの本は私の父のものです。

〔英訳〕
●(1) These books are mine.
(2) These books are hers.
(3) These books are ours.
(4) These books are yours.
(5) These books are theirs.
(6) These books are his.
(7) These books are my father's.

〔練習問題3〕 下記の和文を英訳せよ。

(1) あれらは私の父のものです。
(2) あれらは私の姉のものです。
(3) あれらは私の弟のものです。
(4) あれらはベティのものです。
(5) あれらはジェーンのものです。

〔英訳〕
●(1) Those are my father's.
(2) Those are my older sister's.
(3) Those are my younger brother's.
(4) Those are Betty's.
(5) Those are Jane's.

〔発音ひと口メモ〕 Those は [ðóuz]。これも舌を上下の歯間に軽くはさ

8 TheseとThose

んで摩擦して発音します。thはいつも摩擦するとは限りません。withなどは上下の歯間に舌を入れたまま発音します。テープをよく聞いてしっかりマスターして下さい。

〔練習問題4〕 下記の和文を英訳せよ。

(1) あれらの本はビルのものです。
(2) あれらの本は私の息子のものです。
(3) あれらの本はメアリーのものです。
(4) あれらの本は私の祖父のものです。
(5) あれらの本は私の娘のものです。

〔語句のヒント〕 (4)祖父 grandfather (5)娘 daughter

〔英訳〕

●(1) Those books are Bill's.
(2) Those books are my son's.
(3) Those books are Mary's.
(4) Those books are my grandfather's.
(5) Those books are my daughter's.

2 These と Those の訳し方

These と Those をそれぞれ「これは」「あれは」と訳す場合があります。

These are my shoes.
(これは私のクツです)
Those are my shoes.
(あれは私のクツです)

● **These と Those を複数に和訳しない理由**

英語では be 動詞の前後の語の単数複数はそろえます。しかし日本語では必ずしもこれが守られていないのです。クツは左右で2つあります。従って，英語では These, Those を使うのですが，日本語では左右の2つのクツをひとまとめに考えるので，「これ」とか「あれ」と言うのでしょう。

8 TheseとThose

〔練習問題1〕 下記の和文を英訳せよ。

(1) これは彼のスケートです。
(2) これは彼のスキーです。
(3) これはトムのメガネです。
(4) これはジムのズボンです。
(5) これはジャックのズボンです。

〔語句のヒント〕 (3)メガネ glasses (4)ズボン pants (5)ズボン trousers

〔英訳〕

●(1) These are his skates.
(2) These are his skis.
(3) These are Tom's glasses.
(4) These are Jim's pants.
(5) These are Jack's trousers.

〔発音ひとロメモ〕 glasses は [glǽsiz], pants は [pǽnts], trousers は [tráuzəz] です。テープを聞いてしっかり発音をマスターしましょう。

●●● ワンポイント情報 ●●●

pants(ズボン)はアメリカ英語です。trousers は英米どちらでも使われています。

〔練習問題 2〕 下記の和文を英訳せよ。

(1) あれはベティのくつ下です。
(2) あれはベティのストッキングです。
(3) あれはメアリーのハサミです。
(4) あれはメアリーの長靴です。
(5) あれはメアリーの手袋です。

〔語句のヒント〕 (1)くつ下 socks (3)ハサミ scissors (4)長靴 boots (5)手袋 gloves

〔英訳〕
●(1) Those are Betty's socks.
(2) Those are Betty's stockings.
(3) Those are Mary's scissors.
(4) Those are Mary's boots.
(5) Those are Mary's gloves.

〔発音ひとロメモ〕 scissors は [sízəz]，glove は [glʌ́v] です。テープで発音をよく聞いて覚えて下さい。

9 代名詞

名詞のくり返しを避ける it, one

　名詞のくり返しを避けるのに上の2語があります。これらは英語上達の上で不可欠な点です。ここでしっかりマスターしてしまいましょう。

〔練習問題1〕　下記の和文を英訳せよ。
(1)　私は和英辞典を持っていません。あなたは持っていますか。
(2)　私は地図をなくしたので，買わなければなりません。
(3)　もしペンが必要なら，あなたにお貸ししましょう。
(4)　もしペンが必要なら，机の上にあります。
(5)　彼は車をもっています。そして私も欲しいです。

〔語句のヒント〕　(2)なくした lost　…ねばならない have to　(3)必要である need　貸す lend　(5)…もまた as well

〔英訳〕

●(1) I don't have a Japanese-English dictionary. Do you have one?
(2) I lost my map, so I have to buy one.
(3) If you need a pen, I'll lend you one.
(4) If you need a pen, there is one on the desk.
(5) He has a car and I want one as well.

〔発音ひとロメモ〕 lost は [lɔ́:st] で，[lóust] でないことに注意しましょう。too は [tú:] で two と同じ発音です。これらの違いをテープでしっかりマスターしましょう。

〔練習問題2〕 下記の和文を英訳せよ。

(1) A：彼は別荘をもっています。
　　B：それはどこにありますか。
(2) A：あなたはこのホッチキスが必要ですか。
　　B：はい，私は必要です。
(3) もしあなたがこの辞書が欲しいのなら，さしあげます。
(4) 父は私にドイツの車を買ってくれました。それは調子いいです。
(5) もしあなたが消しゴムをもっているのなら，私に貸していただけますか。

〔語句のヒント〕 (1)別荘 vacation house　(2)ホッチキス stapler　(4)調子がいい run well

〔英訳〕

(1) A：He has a vacation house.
    B：Where is it?
(2) A：Do you need this stapler?
    B：Yes, I need it.
(3) If you want this dictionary, you can have it.
(4) My father bought me a German car. It runs well.
(5) If you have an eraser, will you lend it to me?

〔発音ひと口メモ〕　bought は [bɔ́ːt] で boat [bóut] とは違います。

●●●　ワンポイント情報　●●●

(3)の you can have it. は「さしあげます」という意味で，I'll give it to you.「あげるよ」と違って丁重な表現です。店員がお客様に You can have this for nothing. と言えば「これ，サービスしておきます」という意味になります。

〔練習問題 3〕　下記の和文を英訳せよ。

(1) 私はカメラをなくしてしまった。だから新しいのを買わねばならない。
(2) 私は日本の車をもっているのですが，フランスの車が欲しいんです。
(3) 私は車を 2 台もっています。私は白い車を売るつもりです。
(4) このマフラーは高すぎます。私はもっと安いのが欲しいんです。
(5) このオーバーは小さすぎます。もっと大きいのを見せて下さい。

〔語句のヒント〕 (1)だから..., so (3)…するつもりです be going to (4)高い expensive　安い cheap　(5)見せる show

〔英訳〕
- (1) I lost my camera, so I have to buy a new one.
- (2) I have a Japanese car, but I want a French one.
- (3) I have two cars. I'm going to sell the white one.
- (4) This scarf is too expensive. I want a cheaper one.
- (5) This overcoat is too small. Please show me a larger one.

●●● ワンポイント情報 ●●●

(5)の large は big と同意語ですが，違いは次の点にあります。寸法，目盛，面積，サイズなどを正確に計ったときの「大きい」は large です。従って，マクドナルドなどへ行って「大きいコーラを下さい」と言うときは Give me a large coke, please. と言い，big は使いません。

like の特別な意味

like＝「好きです」という方程式を作っている学生が多いのですが, like には「似ている」とか「…のようである」という意味もあり, これが多くの人のウィークポイントなので気をつけましょう。

〔練習問題 1 〕　下記の和文を英訳せよ。

(1)　ジェーンはおばあさんに似ています。
(2)　彼は私に似ています。
(3)　ビルは母親より父親に似ています。
(4)　東京はいろいろな点でニューヨークに似ています。
(5)　この写真は全く彼に似ていません。

〔語句のヒント〕　(1)おばあさん grandmother　(4)多くの点で in many ways　(5)全々…でない not ... at all

〔英訳〕
- (1)　Jane's like her grandmother.
- (2)　He's like me.
- (3)　Bill's more like his father than his mother.

(4) Tokyo is like New York in many ways.
(5) This picture isn't like him at all.

〔練習問題2〕 下記の和文を英訳せよ。

(1) シカゴはどんなところですか。
(2) 彼女はどのような人ですか。
(3) 彼の事務所はどんなふうですか。
(4) トムはガツガツ食べます。
(5) 彼女は私の母のような話し方をします。

〔語句のヒント〕 (2) like…のような　(5)話す talk

〔英訳〕
●(1) What is Chicago like?
(2) What is she like?
(3) What is his office like?
(4) Tom eats like a pig.
(5) She talks like my mother.

11 「あります」「います」の There is ..., There are ...

不特定なものが「あります」、また不特定な人が「います」ということを述べたいとき、There is ...(単数名詞)、There are ...(複数名詞) を使います。

① There is a pen on the desk.
  (机の上にペンがあります)
② There is a boy in the garden.
  (庭に少年がいます)
③ There are two pens on the desk.
  (机の上にペンが2本あります)
④ There are two boys in the garden.
  (庭に少年が2人います)

上の①〜④は漠然と pen が「あります」、boy が「います」と言っているので「不特定なもの」「不特定な人」になるのです。もしこれが my pen, His pen, Your book, Her book のように述べれば特定の物になるので There is ... There are ... を使わないで be 動詞で表現します。

Your book is on the table.（あなたの本はテーブルの上にあり

ます)

詳細は「10の意味を持っている Be 動詞」のところを参照して下さい。

There is ...　There are ... ＝「…あります」と思っている人が多いのです。しかしこれには10も意味があり，どれも会話でよく使われています。

(A)あります　(B)います　(C)乗っています　(D)開かれています　(E)やっています　(F)かかっています　(G)出席しています　(H)載っています　(I)流行しています　(J)上映しています

本書ではこのうちの5つを練習します。

〔練習問題1〕　下記の和文を英訳せよ。

(1)　その町に小さな大学があります。
(2)　私の家の近くに美しい公園があります。
(3)　店の正面に小型車があります。
(4)　テーブルの上に札入れがあります。
(5)　富士銀行の裏に図書館があります。

〔語句のヒント〕　(4)札入れ wallet

〔英訳〕
●(1)　There's a small college in that city.
(2)　There's a beautiful park near my house.
(3)　There's a small car in front of the store.
(4)　There's a wallet on the table.
(5)　There's a library behind the Fuji Bank.

11 「あります」「います」のThere is ..., There are ...

〔練習問題2〕 下記の和文を英訳せよ。

(1) 入口にハンサムな男性がいます。
(2) 門の所にきれいな女性がいます。
(3) 庭に背の高い女性がいます。
(4) 店の正面に外国人がいます。
(5) 隣の部屋に美しい女性がいます。

〔語句のヒント〕 (2)門 gate (5)美しい good-looking

〔英訳〕

●(1)　There's a handsome man at the door.
(2)　There's a pretty woman at the gate.
(3)　There's a tall lady in the garden.
(4)　There's a foreigner in front of the store.
(5)　There's a good-looking girl in the next room.

〔練習問題3〕 下記の和文を英訳せよ。

(1) 壁に美しい絵がかかっています。
(2) 車にかわいい女の子が乗っています。
(3) バスに非常に魅力的な女性が乗っています。
(4) 冷蔵庫にたくさんのミルクが入っています。
(5) 冷蔵庫にいくらかハムが入っています。

〔語句のヒント〕 (1)美しい lovely (2)かわいい cute (3)魅力的な attractive (4)冷蔵庫 fridge(＝refrigerator)

〔英訳〕

● (1) There's a lovely picture on the wall.
　(2) There's a cute girl in the car.
　(3) There's a very attractive lady on the bus.
　(4) There's a lot of milk in the fridge.
　(5) There's some ham in the refrigerator.

〔練習問題4〕　下記の和文を英訳せよ。
　(1) 袋にたくさんの本が入っています。
　(2) かごにたくさんのリンゴが入っています。
　(3) 壁に何枚かの美しい絵がかかっています。
　(4) バスに何人かの大学生が乗っています。
　(5) タクシーに5人乗っています。

〔語句のヒント〕　(4)大学生 college student

〔英訳〕
● (1) There're a lot of books in the bag.
　(2) There're a lot of apples in the basket.
　(3) There're some beautiful pictures on the wall.
　(4) There're some college students on the bus.
　(5) There're five people in the taxi.

〔練習問題5〕　下記の和文を英訳せよ。
　(1) ニューヨークに大勢のギリシャ人がいます。
　(2) あの学校にたくさんの学生がいます。
　(3) イギリス大使館の周りにたくさん人がいます。
　(4) その学校に何人かの留学生がいます。

(5) 店の正面に大勢の人がいます。

〔語句のヒント〕 (1)ギリシャ人 Greek (3)大使館 Embassy

〔英訳〕
- (1) There're a lot of Greek people in New York.
- (2) There're a lot of students in that school.
- (3) There're a lot of people around the British Embassy.
- (4) There're some foreign students in that school.
- (5) There're a lot of people in front of the store.

〔練習問題6〕 下記の和文を英訳せよ。

(1) ロンドンに多数の美しい公園があります。
(2) ニューヨークに多数のギリシャ料理店があります。
(3) アメリカに約5千の大学があります。
(4) アメリカに50の州があります。
(5) 六本木に多数の高級レストランがあります。

〔語句のヒント〕 (3)5千の five thousand (5)高級な fancy

〔英訳〕
- (1) There're a lot of beautiful parks in London.
- (2) There're a lot of Greek restaurants in New York.
- (3) There're about five thousand colleges in the United States.
- (4) There're fifty states in the United States.

(5) There're a lot of fancy restaurants in Roppongi.

〔練習問題7〕 下記の和文を英訳せよ。
(1) この辺に郵便局がありますか。
(2) この辺に公園がありますか。
(3) この周りに瀬戸物屋がありますか。
(4) 阿佐ヶ谷駅の近くに病院がありますか。
(5) この辺に高級なアパートがありますか。

〔語句のヒント〕 (3)瀬戸物屋 china shop (5)高級な fancy

〔英訳〕
●(1) Is there a post office near here?
(2) Is there a park near here?
(3) Is there a china shop around here?
(4) Is there a hospital near Asagaya Station?
(5) Is there a fancy apartment house near here?

〔練習問題8〕 下記の和文を英訳せよ。
(1) 事務所に誰かいますか。
(2) 門の外に男性がいますか。
(3) その学校にアメリカ人の先生がいますか。
(4) ロビーに背の高い男性がいますか。
(5) 事務所に美しい女性がいますか。

〔英訳〕
●(1) Is there somebody in the office?

11 「あります」「います」のThere is..., There are...

(2) Is there a man at the gate?
(3) Is there an American teacher in that school?
(4) Is there a tall guy in the lobby?
(5) Is there a good-looking girl in the office?

〔練習問題9〕 下記の和文を英訳せよ。

(1) 四谷に多くの高級レストランがありますか。
(2) この辺に何軒かいい英語学校がありますか。
(3) 横浜に多くの美しい家がありますか。
(4) パリに多くの日本の会社がありますか。
(5) 渋谷駅の周りに多くのいいレストランがありますか。

〔語句のヒント〕 (2)英語学校 English shool (3)この辺に around here

〔英訳〕

●(1) Are there many high-class restaurants in Yotsuya?
(2) Are there any good English schools around here?
(3) Are there many beautiful homes in Yokohama?
(4) Are there many Japanese companies in Paris?
(5) Are there many nice restaurants around Shibuya Station?

〔練習問題10〕 下記の和文を英訳せよ。
(1) この辺にたくさんの弁護士がいますか。
(2) その学校にたくさんのアメリカの学生がいますか。
(3) 待合室にたくさんの人がいますか。
(4) その学校に何人かの留学生がいますか。
(5) 彼の事務所にたくさんの女性従業員がいますか。

〔語句のヒント〕 (1)弁護士 attorney　(3)待合室 waiting room　(5)女性の従業員 female employee

〔英訳〕
●(1) Are there many attorneys around here?
(2) Are there a lot of American students in that school?
(3) Are there a lot of people in the waiting room?
(4) Are there any foreign students in that school?
(5) Are there a lot of female employees in his office?

〔練習問題11〕 下記の和文を英訳せよ。
(1) あなたの会社にいくつの部がありますか。
(2) イギリスにはいくつ大学がありますか。
(3) 駅の周りにいくつの銀行がありますか。
(4) あの建物は何階建てですか。
(5) 祝日は1年に何日ありますか。

〔語句のヒント〕 (1)部 division

11 「あります」「います」の There is ..., There are ...

〔英訳〕

- (1) How many divisions are there in your company?
- (2) How many universities are there in England?
- (3) How many banks are there around the station?
- (4) How many floors are there in that building?
- (5) How many national holidays are there in a year?

〔練習問題12〕 下記の和文を英訳せよ。

(1) 中国に何人の人がいますか。
(2) あなたの会社に外国の社員は何人いますか。
(3) このアパートに外人は何人いますか。
(4) フランスに何人の弁護士がいますか。
(5) ドイツには何人の大学生がいますか。
(6) 営業課には何人の人がいますか。

〔英訳〕

- (1) How many people are there in China?
- (2) How many foreign employees are there in your company?
- (3) How many foreigners are there in this apartment house?
- (4) How many lawyers are there in France?
- (5) How many college students are there in Germany?
- (6) How many people are there in the Business Section?

12 「います」「あります」の Be 動詞

「あります」「います」= There is ..., There are ..., と思いこんでいる人が多いのですが be 動詞もよく使われています。両者は内容が特定か不特定かで使い分けられています。

特定な内容を述べるときは be 動詞, 不特定な内容のときは There is ..., There are ... を使います。

① Mary is at the door.
   (メアリーが入口にいます)
② There is a girl at the door.
   (入口に女の子がいます)
③ Mary and Betty are at the door.
   (メアリーとベティが入口にいます)
④ There are two girls at the door.
   (入口に 2 人の女の子がいます)

①と③は名前のある Mary と Betty のことを言及しているので特定な人ですね。②の a girl, ④の girls は名前が言及されていない不特定な人です。

人以外に使っても, 言及されている人または物が特定か不特

定かで be 動詞と There is ... There are ... とは使い分けられています。たくさん練習問題をやり会話で自由に使えるようにしましょう。

　Be 動詞にも There is ..., There are ... と同様に次のような10の意味があり会話でよく使われています。
(A)あります　(B)います　(C)乗っています　(D)開かれています　(E)やっています　(F)かかっています　(G)出席しています　(H)載っています　(I)流行しています　(J)上映しています
　本書ではこのうちの5つを練習します。

〔練習問題１〕　下記の和文を英訳せよ。
(1)　ジムは今家にいます。
(2)　ジムは７階にいます。
(3)　ジムは地下にいます。
(4)　ジムは会社にいます。
(5)　ジムは今学校にいます。

〔語句のヒント〕　(3)地下 basement

〔英訳〕
●(1)　Jim is at home now.
(2)　Jim is on the seventh floor.
(3)　Jim is in the basement.
(4)　Jim is at the office.
(5)　Jim is at school now.

●●● ワンポイント情報 ●●●

(1)の at home は at house とは言えません。建物として述べているときは home も house も使えますが後者の方がよく使われます。家庭のふんいきを想像したときの「家」には home しか使えません。

I have to buy a house (*or* a home).
(私は家を買わなければならない)
He is at home. (彼は家にいます)

(4)の「会社に」は at the office ですが，(5)の「学校に」は at school で，at the school とは言いません。しかし in school と，前置詞は置き換えられます。

〔練習問題2〕 下記の和文を英訳せよ。

(1) 彼等は今ギリシャにいます。
(2) 私の両親はスイスにいます。
(3) 彼は書斎にいます。
(4) メアリーは台所にいます。
(5) お母さんは庭にいます。

〔語句のヒント〕 (2)両親 parents (3)書斎 study (4)台所 kitchen (5)お母さん Mom

〔英訳〕
- ●(1) They're in Greece now.
- (2) My parents are in Switzerland.
- (3) He's in the study.
- (4) Mary is in the kitchen.
- (5) Mom is in the garden.

12 「います」「あります」のBe動詞

●●● ワンポイント情報 ●●●

(5)の garden は yard としても日本語では同じで,「庭」となります。違いは前者は花, 野菜などがある庭であるのに対して, 後者は花や野菜のない庭に使われています。

〔練習問題3〕 下記の和文を英訳せよ。

(1) うちの本社はニューヨークにあります。
(2) 私達の大学は横浜にあります。
(3) 彼の店は駅の近くにあります。
(4) 私達の食堂は5階にあります。
(5) 私の別荘はフロリダにあります。
(6) 郵便局は角を曲ったところにあります。

〔語句のヒント〕 (3)…の近くに near (5)別荘 villa

〔英訳〕

●(1) Our head office is in New York.
(2) Our college is in Yokohama.
(3) His shop is near the station.
(4) Our restaurant is on the fifth floor.
(5) My villa is in Florida.
(6) The post office is around the corner.

●●● ワンポイント情報 ●●●

「別荘」にあたる英語は(5)の villa の他に下記のようにいろいろあります。

summer house (*or* home)

second house (*or* home)

vacation house (*or* home)

summer home, second home, vacation home は「家」にも「マンション」にも使えるのですが，summer house, second house, vacation house はいつも「家」を意味しています。そして以上の6語は立派な別荘であるか否かはわかりませんがvillaというと立派な建物，広い敷地が連想されます。

〔練習問題4〕 下記の和文を英訳せよ。

(1) あなたの時計は鏡台の上にあります。
(2) 私の辞書はソファーの上にあります。
(3) あなたのバッグは車の中にあります。
(4) あなたのオーバーコートは洋服ダンスにあります。
(5) あなたの帽子は戸棚の中にあります。
(6) パスポートは金庫の中にあります。

〔語句のヒント〕 (1)鏡台 dressing table　(4)洋服ダンス wardrobe　(5)戸棚 closet　(6)金庫 safe

〔英訳〕

●(1) Your watch is on the dressing table.
(2) My dictionary is on the sofa.
(3) Your bag is in the car.
(4) Your overcoat is in the wardrobe.
(5) Your hat is in the closet.
(6) The passport is in the safe.

12 「います」「あります」のBe動詞

〔練習問題5〕 下記の和文を英訳せよ。

(1) A：あなたはどこにいますか。
    B：私は渋谷駅の近くにいます。
(2) A：ジムはどこにいますか。
    B：彼は5階にいます。
(3) A：彼は外にいますか。
    B：はい，彼は中庭にいます。
(4) 彼はあなたと一緒にいるのですか。
(5) あなたは今，両親と一緒にいますか。

〔語句のヒント〕 (3)中庭 courtyard

〔英訳〕

●(1) A：Where are you?
    B：I'm close to Shibuya Station.
(2) A：Where is Jim?
    B：He's on the fifth floor.
(3) A：Is he outside?
    B：Yes, he's in the courtyard.
(4) Is he with you?
(5) Are you with your parents now?

〔練習問題6〕 下記の和文を英訳せよ。

(1) 誰が隣の部屋にいるのですか。
(2) 彼と一緒にいるのは誰ですか。
(3) 1階にいるのは誰ですか。
(4) 2階にいるのは誰ですか。
(5) あなたは誰と一緒にいるのですか。
(6) 彼女は誰と一緒にいるのですか。

〔語句のヒント〕 (3) 1階に downstairs (4) 2階に upstairs

〔英訳〕
●(1) Who's in the next room?
(2) Who's with him?
(3) Who's downstairs?
(4) Who's upstairs?
(5) Who're you with?
(6) Who's she with?

〔練習問題7〕 下記の和文を英訳せよ。

(1) バッグの中に何がありますか。
(2) お皿の上に何がありますか。
(3) あなたのポケットに何が入っていますか。
(4) テーブルの下に何がありますか。
(5) ベッドの上に何がありますか。

〔英訳〕
●(1) What's in the bag?

(2) What's on the plate?
(3) What's in your pocket?
(4) What's under the table?
(5) What's on the bed?

13

Here is (are) ...
ここにあります

　There is (are) ...「…があります」「…がいます」という文型はすでに勉強しました。ここでは Here is (are) ... を学習します。この表現は見れば意味を知っている人でも会話で自由に使える人が少ないのです。しっかりここで身につけましょう。

　〈単数の場合〉Here is a book.（ここに本があります）
　〈複数の場合〉Here are two books.（ここに2冊の本があります）

1　Here is ＋単数可算名詞

〔練習問題〕　下記の和文を英訳せよ。

(1)　ここに計算機があります。
(2)　ここにオランダ語の辞書があります。
(3)　ここにくしがあります。
(4)　ここに三角定規があります。
(5)　ここにホッチキスがあります。
(6)　ここにボールペンがあります。

13 Here is (are) ... ここにあります

〔語句のヒント〕 (1)計算機 calculator (2)オランダ語の辞書 Dutch dictionary (3)くし comb (4)三角定規 triangle (5)ホッチキス stapler (6)ボールペン ball-point pen

〔英訳〕
- ●(1) Here is a calculator.
- (2) Here's a Dutch dictionary.
- (3) Here's a comb.
- (4) Here's a triangle.
- (5) Here's a stapler.
- (6) Here's a ball-point pen.
- (注) なお, 会話では Here is ... は Here's, Here are ... は Here're ... の省略形がふつう使われていますので, 本書でも省略形で書いてあります。

2 Here's＋不可算名詞

〔練習問題〕 下記の和文を英訳せよ。

(1) ここに黒パンがあります。
(2) ここにデンマークのバターがあります。
(3) ここにイタリアのチーズがあります。
(4) ここにカナダの小麦粉があります。
(5) ここに塩があります。
(6) ここにフランスの石けんがあります。
(7) ここに風邪薬があります。

〔語句のヒント〕 (1)黒パン brown bread　(2)デンマークの Danish　(4)小麦粉 wheat flour　(5)塩 salt　(6)石けん soap　(7)風邪薬 cold medicine

〔英訳〕
●(1)　Here's some brown bread.
　(2)　Here's some Danish butter.
　(3)　Here's some Italian cheese.
　(4)　Here's some Canadian wheat flour.
　(5)　Here's some salt.
　(6)　Here's some French soap.
　(7)　Here's some cold medicine.

3　Here are＋複数名詞

〔練習問題〕　下記の和文を英訳せよ。
(1)　ここに6枚のチェコのお皿があります。
(2)　ここに3枚の盛り皿があります。
(3)　ここに5枚の世界地図があります。
(4)　ここに3冊のギリシャの地図帳があります。
(5)　ここにいくつかロシアの旗があります。
(6)　ここにいくつかビルマ語の本があります。

〔語句のヒント〕 (1)チェコの Czechoslovakian　お皿 plate　(2)盛り皿 dish　(3)世界地図 world map　(4)地図帳 atlas　(5)ロシアの旗

13 Here is (are) ... ここにあります

Russian flag　(6)ビルマ語の Burmese

〔英訳〕
- (1)　Here are six Czechoslovakian plates.
- (2)　Here're three dishes.
- (3)　Here're five world maps.
- (4)　Here're three Greek atlases.
- (5)　Here're some Russian flags.
- (6)　Here're some Burmese books.

Some と Any の使い方

some, any は次に続く名詞の種類(普通名詞, 物質名詞, 抽象名詞)及び文の種類(肯定文, 疑問文, 否定文)により意味が異なります。

> 肯定文中の
> (1) some+複数普通名詞
> (2) some+　物質名詞
> (3) some+　抽象名詞

(1) **some+複数普通名詞**
　　I have some dictionaries. (私は何冊か辞書を持っています)

(2) **some+物質名詞**
　　Give me some green tea. (お茶を少し下さい)

(3) **some+抽象名詞**
　　I have some information for you. (あなたに少し情報があります)

和訳に際しての注意

① some＋複数普通名詞

(1)の some＋複数普通名詞は名詞により「何人かの」「何本かの」「何軒かの」「何個かの」「何枚かの」または「数人の」「数本の」「数軒の」「いくつかの」「数日の」のように some の次に使われている名詞により日本語で自然な訳を選ぶ必要があります。

また some＋複数普通名詞の some が「少し」という日本語がぴったりする場合があります。しかし「少し」と訳しても数が「少ない」と言っているのではないのです。主観的に数が「少ない」という気持で述べるときは some でなく a few を使います。従ってこの some は数は無限でないという意味を出すために使われる少し (some) なのです。次の文でこのニュアンスをつかんで下さい。

① I like apples.（私はリンゴが好きです）
② I want some apples.（私は少しリンゴが欲しいんです）
③ Give me some apples.（リンゴを少し下さい）

①は世界にあるリンゴならどれでも好きという意味です。
②の some をとると世界中のリンゴを全部欲しいという意味になってしまいます。この話者はそんなに欲張りではなく数を制限して some apples を欲しいと言っているのです。従ってこ

の some はたとえ「少し」と訳しても数は無限ではありませんという意味の「少し」なのです。しかし「少し」と訳しても数が「少ない」と言っているのではないのです。客観的な述べ方で数が無限でないと述べるときの「少し」なのです。もし主観的に数が「少ない」というニュアンスで述べるならば some ではなく a few を使います。この a few は数が少ないことを明示している語です。次の文でこの違いをしっかりつかみましょう。

　　He has some good friends.
　　（彼には親友が少し（数人）います）
　　He has a few good friends.
　　（彼には友人が少し（数人）います）

②　some＋物質名詞

①　Give me some hot water.（私にお湯を（少し）下さい）
②　Give me a little hot water.（私にお湯を少し下さい）

①は欲しいお湯は無限ではないという意味の「少し」です。②はほんの少しという気持ちの「少し」です。尚①の some は日本語で特に訳さない方が自然なことが多いことも覚えておきましょう。

③　some＋抽象名詞

　　I have some advice for you.

(私は少し(いくらか, 多少)忠告があります)
I have a little advice for you.
(私は少しあなたに忠告があります)

　some＋抽象名詞は「いくらか」とか「少し」と訳しても構いません。しかし「少し」と訳しても「少ない」と言っているのではありません。量は無限でないと客観的に述べているときの「少し」なのです。日本語ではこの some を訳さない方が自然な場合が多いでしょう。**量が「少ない」と主観的に述べるときは some ではなく a little を使います。**

> 疑問文中の
> (1) any＋複数普通名詞
> (2) any＋　物質名詞
> (3) any＋　抽象名詞

① Are there any good restaurants near here?
(この近くに何軒かいいレストランがありますか)

② Is there any ham in the fridge?
(冷蔵庫にいくらか(少し)ハムが入っていますか)

③ Does Mary have any hope?
(メアリーにはいくらか(少し)望みがあるのですか)

> 否定文中の
> (1) **any**＋複数普通名詞
> (2) **any**＋　物質名詞
> (3) **any**＋　抽象名詞

① I don't have any relatives in Tokyo.
　　(私は東京には親類は(一人も)いません)
② I don't have any money with me.
　　(私は(少しも)お金の持ち合わせがありません)
③ I don't have any interest in it.
　　(私はそれに(少しも)興味がありません)

not ... any はふつう no で書き換えられます。

　I don't have any relatives in Tokyo.
＝I have no relatives in Tokyo.
　I don't have any money with me.
＝I have no money with me.
　I don't have any interest in it.
＝I have no interest in it.

では some, any を会話で自由に使えるように練習問題で慣れましょう。

1 肯定文中の some＋複数普通名詞，物質名詞，抽象名詞

〔練習問題〕 下記の和文を英訳せよ。

(1) 駅の近くにいくつか人材銀行があります。
(2) 駅の回りに何軒か花屋があります。
(3) コーヒーに少し砂糖を入れて下さい。
(4) それに少し塩を振りかけて下さい。
(5) 私は彼に対して少し魅力を感じています。

〔語句のヒント〕 (1)人材銀行 employment agency (2)花屋 florist (3)入れる put ～ in ～ (4)振りかける sprinkle (5)対して towards 魅力 attraction

〔英訳〕
- (1) There are some employment agencies near the station.
- (2) There are some florists around the station.
- (3) Put some sugar in the coffee.
- (4) Sprinkle some salt on it.
- (5) I feel some attraction towards him.

2 疑問文中の any＋複数普通名詞, 物質名詞, 抽象名詞

〔練習問題〕 下記の和文を英訳せよ。

(1) あなたには何人か部下がいるのですか。
(2) お宅の社には何人かアメリカ人の重役がいるのですか。
(3) あなたの家の近くに何軒か電気屋がありますか。
(4) ヒーターにいくらか石油が入っていますか。
(5) 緑茶にビタミンCが入っていますか。
(6) 彼に多少横柄さがありますか。
(7) 彼に多少創造力があるのですか。

〔語句のヒント〕 (1)部下 assistant (2)重役 executive (3)電気屋 electric shop (4)石油 oil (5)ビタミンC Vitamin C (6)横柄さ arrogance (7)創造力 creativity

〔英訳〕

●(1) Do you have any assistants?
(2) Are there any American executives in your office?
(3) Are there any electric shops near your house?
(4) Is there any oil in the heater?
(5) Does green tea have any Vitamin C in it?
(6) Does he have any arrogance?
(7) Does he have any creativity?

3 否定文中の any＋複数普通名詞，物質名詞，抽象名詞

〔練習問題〕 下記の和文を英訳せよ。

(1) 私は高級なドレスは一枚も持っていません。
(2) 私は水玉のネクタイは一本も持っていません。
(3) この辺には教習所は(ひとつも)ありません。
(4) この辺には俳優養成所は(ひとつも)ありません。
(5) 私はパーティーで牛肉は(少しも)食べませんでした。
(6) 私には(少しも)見栄はありません。
(7) 彼には(少しも)積極性がありません。

〔語句のヒント〕 (1)高級な quality (2)水玉の polka-dot (3)教習所 driving school (4)俳優養成所 acting school (5)牛肉 beef (6)見栄 vanity (7)積極性 gumption

〔英訳〕

●(1) I don't have any quality dresses.
(2) I don't have any polka-dot ties.
(3) There aren't any driving schools around here.
(4) There aren't any acting schools near here.
(5) I didn't eat any beef at the party.
(6) I don't have any vanity.
(7) He doesn't have any gumption.

15 形容詞と副詞の働き

　形容詞は名詞を修飾する働きをし，副詞は動詞を修飾する働きをします。実例で形容詞と副詞の違いを勉強してみましょう。

① He likes fast food.
　　（彼はファーストフードが好きだ）
② He eats fast.
　　（彼は速く食べる → 彼は食べるのが速い）

①の fast は次にくる名詞の food を修飾しているので形容詞です。
②の fast は直前の動詞 eat を修飾している副詞です。
　ではここでもう少し形容詞と副詞の違いがはっきりするように練習してみましょう。

15 形容詞と副詞の働き

〔練習問題1〕 下記の和文を英訳せよ。

(1) A：彼は一生懸命働きます。
    B：これは難しい問題だ。
(2) A：彼は起きるのが早い。
    B：彼は早起きだ。
(3) A：彼は起きるのが遅い。
    B：彼は朝寝坊だ。
(4) A：まず彼を訪ねなさい。
    B：毎朝彼は始発電車に乗ります。
(5) A：毎日彼は最後に来ます。
    B：毎日彼は終電に乗ります。

〔語句のヒント〕 (1)一生懸命((副))，難しい((形))hard　問題 problem　(2)起きる get up　起きる人 riser　(4)乗り物に乗る take

〔英訳〕
●(1) A：He works hard.
    B：This is a hard question.
(2) A：He gets up early.
    B：He's an early riser.
(3) A：He gets up late.
    B：He's a late riser.
(4) A：Visit him first.
    B：Every morning he takes the first train.
(5) A：Every day he comes last.
    B：Every day he takes the last train.

ワンポイント情報

He eats fast. (彼は食べるのが速い)

He gets up early. (彼は起きるのが早い)

He first visited New York in 1960.
(彼は1960年に初めてニューヨークを訪れた)

He visited New York first and then went to Chicago.
(彼はまずニューヨークを訪れ，それからシカゴへ行きました)

fast は速度，early は時間を述べるとき，というようにそれぞれ使い分けられています。first は主語の次にあるときは「初めて」を意味し，文頭か文尾に置くとふつう「まず」とか「最初に」という意味になります。

副詞の作り方

形容詞とは名詞を修飾する働きを持っているということは習いました。この形容詞の語尾に ly をつけると副詞になる語が多いのです。では下記の実例で練習してみましょう。

〔練習問題2〕 下記の和文を英訳せよ。

(1) A：彼は優しい医者です。
    B：彼は優しく私を手伝ってくれます。
(2) A：彼は安全運転です。
    B：彼は注意深く運転します。
(3) A：普通列車に乗りなさい。
    B：彼は歩くのが遅い。
(4) A：彼は働き者です。
    B：彼は忙しく働きます。

(5)　A：彼女は美しい家を持っています。
　　 B：彼女はあざやかにピアノを演奏します。

〔語句のヒント〕　(2)注意深い careful　(3)普通列車 slow train　(5)あざやかに beautifully

〔英訳〕

●(1)　A：He's a kind doctor.
　　　 B：He helps me kindly.
　(2)　A：He's a careful driver.
　　　 B：He drives carefully.
　(3)　A：Take a slow train.
　　　 B：He walks slowly.
　(4)　A：He's a busy man.
　　　 B：He works busily.
　(5)　A：She has a beautiful house.
　　　 B：She plays the piano beautifully.

●●●　ワンポイント情報　●●●

　　He walks slowly.（彼は歩くのが遅い）
　　He came here late.（彼は遅れてここへ来た）
前者は速度，後者は時間にそれぞれ使い分けられています。

16 状態を意味するBe動詞＋形容詞

He is a student. I am a singer. のBe動詞の意味は「…です」の意味でこのことは読者の皆さんは誰でも知っています。しかし状態を表すときにBe動詞を使うことをきちんと理解している読者は筆者の教えている経験では極めて少ないので，ここで取り上げます。しっかり練習して会話で使えるようにしましょう。

〔練習問題〕 下記の和文を英訳せよ。

(1) 彼の店は今開いています。
(2) この時計は進んでいます。
(3) あの時計は3分遅れています。
(4) 彼は私のことを怒っています。
(5) 彼はお父さんに似ています。
(6) 私はこの時間は忙しいです。

〔語句のヒント〕 (1)開いています be open (2)進んでいます be fast (3)遅れています be slow (4)怒っています be angry (5)似ています be like (6)この時間 at this time

〔英訳〕

● (1) His store is open now.
(2) This watch is fast.
(3) That clock is three minutes slow.
(4) He's angry with me.
(5) He's like his father.
(6) I'm busy at this time.

●●● ワンポイント情報 ●●●

ここで次のこともついでに整理しましょう。

(A) The store was open at 10:00. (店は10時に開いていました)
(B) The store was opened at 10:00. (店は10時に開けられました)
(C) The store opened at 10:00. (店は10時に開きました)
(D) The store opens at 10:00. (店は10時に開きます)
(E) He opened the store at 10:00. (彼は10時に店を開けました)
(F) He was opening the store at 10:00. (彼は10時に店を開けていました)

状態を意味する Be 動詞＋過去分詞

〔練習問題〕 下記の和文を英訳せよ。

(1) 彼は結婚しています。
(2) 彼は興奮しています。

(3) 彼はけがしています。
(4) 彼の店は今閉まっています。
(5) 彼はへとへとに疲れています。
(6) スイスでは5ヵ国語使われています。

〔語句のヒント〕 (1)結婚している be married (2)興奮している be excited (3)けがしている be injured (4)閉まっています be closed (5)へとへとに疲れています be exhausted (6)使われています be spoken

〔英訳〕
●(1)　He's married.
 (2)　He's excited.
 (3)　He's injured.
 (4)　His store is closed now.
 (5)　He's exhausted.
 (6)　Five languages are spoken in Switzerland.

●●● ワンポイント情報 ●●●

ここで次のこともしっかり頭に入れておきましょう。
(A) He was married then. (彼はその時結婚していました)
(B) He got married last year. (彼は昨年結婚しました)
(C) He got married to Betty last year. (彼は昨年ベティと結婚しました)
(D) They're going to get married next week. (彼等は来週結婚するんです)

be＝becomeでも getが使えないとき

　筆者の多くの受講生は「…になる」＝become, get と速断しているのですが次に名詞が続くときは，get は全く使われていません。become は使用されていますが be の方がずっとよく使用されています。これは多くの人の大きな弱点のひとつなので注意しましょう。では実例で練習して会話で使えるようにしましょう。

〔練習問題〕　下記の和文を英訳せよ。

(1)　彼は公認会計士になりたいんです。
(2)　彼は良い政治家になるでしょう。
(3)　私は外交官になりたかったんです。
(4)　彼は外科医になるつもりです。
(5)　あなたは将来何になりたいのですか。
(6)　あなたは将来何になるつもりですか。

〔語句のヒント〕　(1)公認会計士 CPA　(2)政治家 statesman　(3)外交官 diplomat　(4)外科医 surgeon　(5)将来 in the future　(6)つもりである be going to do

〔英訳〕
- (1) He wants to be a CPA.
- (2) He'll be a good statesman.
- (3) I wanted to be a diplomat.
- (4) He's going to be a surgeon.
- (5) What do you want to be in the future?
- (6) What are you going to be in the future?

be, get, become が置き換えられるときと置き換えられないとき

　私の長い指導経験によれば「…になる」＝become と思っている受講生が多いことです。しかし「…になる」という日本語には次に続く語により be, get, become が置き換えられるときと置き換えられないときがあります。未来形で使われ get sick のように形容詞が続くときは get, become, be いずれも使えるケースが多いのですが，be が一番使用頻度は高いのです。ここで実例で練習して，会話で使えるようにしましょう。

〔練習問題〕 下記の和文を英訳せよ。

(1) 彼は君に怒るでしょう。
(2) 明日は暑くなるでしょう。
(3) 今年の夏は寒くなるでしょう。
(4) あなたはまもなく疲れるでしょう。
(5) 彼は興奮するでしょう。
(6) 彼は感情的になるでしょう。

〔語句のヒント〕 (1)怒る get (*or* become) mad (2)暑くなる get (*or* become) hot (3)寒くなる get (*or* become) cold (4)疲れる get (*or* become) tired (5)興奮する get (*or* become) excited (6)感情的になる get (*or* become) emotional

〔英訳〕

●(1) He'll be (*or* become, get) mad at you.
(2) It'll be (*or* become, get) hot tomorrow.
(3) It'll be (*or* become, get) cold this summer.
(4) You'll soon be (*or* become, get) tired.
(5) He'll be (*or* become, get) excited.
(6) He'll be (*or* become, get) emotional.

18 使い方を誤りやすい8つの副詞

　副詞には前置詞の意味が入っています。従って副詞には前置詞をつけることはできません。しかしこれは多くの人のウィークポイントのひとつなのです。ではさっそく練習してみましょう。

〔練習問題〕　下記の和文を英訳せよ。

(1)　外国へ行きましょう。
(2)　彼は毎週金曜日にそこへ行きます。
(3)　彼は毎週金曜日にここへ来ます。
(4)　階下へ行きましょう。
(5)　上の階へ行きましょう。
(6)　中心街へ行きましょう。
(7)　山の手へ行きましょう。
(8)　あなたは昨日どこへ行ったのですか。

〔語句のヒント〕　(1)外国へ abroad　(4)階下へ downstairs　(5)上の階へ upstairs　(6)中心街へ downtown　(7)山の手へ uptown

〔英訳〕

●(1) Let's go abroad.
 (2) He goes there every Friday.
 (3) He comes here every Friday.
 (4) Let's go downstairs.
 (5) Let's go upstairs.
 (6) Let's go downtown.
 (7) Let's go uptown.
 (8) Where did you go yesterday?

解説

　筆者の長い指導経験によると練習問題の(1)～(8)までの各副詞の前に to をつける人が非常に多いのです。それは I go to the office at 9:00 every day.（私は毎日会社へ9時に行きます）というような文で go はいつも to を従えると思い違いをしていることから生ずるミスと思われます。go が to を従えるのは go to の次に名詞が続くときに限ります。(1)～(8)では名詞ではなく go の次に副詞が続いているのです。従って to を従えることはできないのです。この知識は英会話力向上に不可欠な点なのでしっかりここでマスターしてしまいましょう。

注意すべき5点

(A)　外国へ＝foreign country と誤って覚えている人が多いのですが両者は次の理由でイコールではありません。foreign country は「外国」という意味で名詞です。abroad は「外国へ」という意味の副詞です。

foreign country は go とか travel の動詞には慣用的に使われていません。foreign country は go, travel 以外の動詞と共によく使われています。

I want to study about foreign countries.
(私は外国についてべんきょうしたい)

I'm interested in foreign countries.
(私は外国に興味があります)

(B) upstairs＝2階と思い違いしている人が多いのですが両者は次の理由でイコールではあません。upstairs とは現在いる階の上ならどこの階でもいいのです。従ってもし今60階建てのビルの20階にいると仮定しましょう。この場合 upstairs は21～60階のどの階でもいいのです。

Let's go to the restaurant upstairs.
(上の階のレストランへ行きましょう)

20階にいて上の文を言えば21～60階のどの階でもいいのです。聞き手にとってどこの階のレストランのことかは説明しなくとも明白なのです。

もし2階のレストランとはっきり述べたいときは、次のように言います。

Let's go to the restaurant on the second floor.
(2階のレストランへ行きましょう)

(C) downstairs＝1階と間違って覚えている人が多いのですが,両者はイコールではありません。downstairs には upstairs

の反対のことが言えるのです。つまり60階建てのビルの20階にいたら19階より下なら地下を含めてどこの階でもいいのです。

(D) upstairs, downstairs は辞書には形容詞と副詞が出ていますがふつう副詞として使われています。従って, upstairs restaurant ではなく restaurant upstairs と名詞の後につけることをしっかり頭に入れましょう。

(E) downtown＝下町と覚えている人が多いのですが, downtown とはビジネスの上で中心地的場所を指しています。ここで注意しなければならないことは downtown は形容詞と副詞としてつかわれている点です。辞書には名詞も出ていますがふつう使われていません。

〈形容詞の例〉

My office is in downtown Tokyo.

（私の事務所は東京の中心街にあります）

〈副詞の例〉

I don't want to go downtown.

（私は中心街へは行きたくありません）

19 目的語の前に前置詞を取るときと必要がないとき

　動詞にはI like music.(私は音楽が好きです)のように動詞＋目的語で使われる動詞とLook at him.(彼を見なさい)のように動詞＋前置詞＋目的語の型で使われる動詞があります。しかしLook at him.のように前置詞を取る動詞も目的語がなければ前置詞は必要がないことをしっかり頭に入れて下さい。筆者の受講生の中にはこの点がはっきりしていない人が多いので注意しましょう。

1 「動詞＋前置詞＋目的語」の型の動詞

〔練習問題〕　下記の和文を英訳せよ。

(1)　私の話を聞いて下さい。
(2)　彼と話しなさい。
(3)　私はあなたに同意します。
(4)　彼は新しい仕事に成功するでしょう。
(5)　彼は新しい仕事に失敗するでしょう。
(6)　彼は早稲田大学を卒業しました。

19 目的語の前に前置詞を取るときと必要がないとき

〔語句のヒント〕 (1)聞く listen (2)話す talk (3)同意します agree (4)成功する succeed (5)失敗する fail (6)卒業する graduate

〔英訳〕

- ●(1) Listen to me.
- (2) Talk to him.
- (3) I agree with you.
- (4) He'll succeed in his new business.
- (5) He'll fail in his new business.
- (6) He graduated from Waseda University.

上の(1)～(6)も目的語を言及しない時は下記のように前置詞は不要になります。

　　Listen.（聞いて下さい）　I agree.（私は同意します）
　　He'll succeed.（彼は成功するでしょう）
　　He'll fail.（彼は失敗するでしょう）

ついでにここで類例を整理しておきましょう。

- (A) Don't complain.（文句を言っては駄目です）
- (B) He knocked.（彼はノックした）
- (C) He laughed.（彼は笑った）
- (D) He smiled.（彼はにっこりした）
- (E) They arrived yesterday.（彼等は昨日到着した）
- (F) Let's wait.（待ちましょう）

既に説明したように上の(A)～(F)も目的語を明示すれば前置詞が必要になってきます。

- (A) Don't complain to me.（私に文句を言わないで下さい）

(B) He knocked on the door.（彼はドアをノックしました）
(C) He laughed at me.（彼は私のことを笑いました）
(D) He smiled at me.（彼は私ににっこりしました）
(E) They arrived in New York.（彼等はニューヨークに到着しました）
(F) Let's wait for him.（彼を待ちましょう）

目的語の前に前置詞を取るときと必要がないとき

　be動詞＋形容詞のとき，次に名詞または代名詞が続けば，I'm afraid of snakes.（私はへびが恐い）のように be afraid of＋名詞になります。しかし名詞を言及しなくても相手に何を省略しているかがはっきりしているときはその名詞をふつう言及しません。そのときは I'm afraid.（私は恐い）のように前置詞が不要になります。筆者の長い指導経験ではこの点がはっきりしていない人が多いので注意しましょう。

2 「be動詞＋形容詞＋前置詞＋目的語」の型の動詞

〔練習問題〕　下記の和文を英訳せよ

(1) 私は犬が恐い。
(2) 私は父を誇りにしています。
(3) 私はそのことを確信しています。
(4) 私は健康に気をつけている。

(5) 私は彼の問題を知っています。
(6) 私は彼のことを怒っています。

〔語句のヒント〕 (1)恐い be afraid of (2)誇りにしている be proud of (3)確信しています be sure of (4)気をつけている be careful about (5)知っている be aware of (6)怒っている be mad at

〔英訳〕
●(1) I'm afraid of dogs.
 (2) I'm proud of my father.
 (3) I'm sure of it.
 (4) I'm careful about my health.
 (5) I'm aware of his problem.
 (6) I'm mad at him.

既に説明したように上の(1)〜(6)も名詞を省略しても相手に何を言及しているかがはっきりしている時は次のように前置詞を省略します。

 (A) Don't be afraid. (恐がらないで下さい)
 (B) Be proud. (誇りにしなさい)
 (C) Are you sure? (あなたは確信があるのですか)
 (D) Be careful. (気をつけて下さい)
 (E) Don't be angry. (怒らないで下さい)
 (F) Is he aware? (彼は知っているのですか)

How ...? の各種表現

これは下記のように3つの型があります。パターンの違いをはっきり頭に入れてマスターしましょう。

1　How＋形容詞＋名詞＋do you ...? の各種表現

【数をたずねる】
How many＋複数普通名詞...?

〔練習問題〕　下記の和文を英訳せよ。

(1)　あなたは何人部下がいるのですか。
(2)　あなたは何人お客さんがいますか。
(3)　あなたは何人兄さんがいますか。
(4)　あなたは何人妹さんがいますか。
(5)　毎晩あなたは何時間寝ますか。

〔語句のヒント〕　(1)部下 assistant

〔英訳〕

●(1)　How many assistants do you have?
(2)　How many customers do you have?
(3)　How many older brothers do you have?
(4)　How many younger sisters do you have?
(5)　How many hours do you sleep every night?

●●● **ワンポイント情報** ●●●

(3)の older brother の代りに elder brother, big brother も使われています。また brother だけでも兄の意味がありますが，これには弟の意味もありますので，誤解がないときしか使えません。(4)の younger sister は little sister とも言えます。sister は姉，妹両方の意味をもっています。誤解がない状況のときには使えます。

【回数を具体的にたずねる】
How many times ... ?

〔練習問題〕　下記の和文を英訳せよ。

(1)　何回あなたはこの本を読みましたか。
(2)　何回あなたは去年外国へ行きましたか。
(3)　何回あなたは彼と話し合いましたか。
(4)　何回あなたは昨夜トイレに行きましたか。
(5)　何回彼は今日あなたに電話してきましたか。
(6)　何回彼は結婚したのですか。
(7)　何回彼女は昨年入院しましたか。

〔語句のヒント〕　(2)外国へ行く go abroad　(7)入院する be hospitalized

〔英訳〕
- (1) How many times did you read this book?
- (2) How many times did you go abroad last year?
- (3) How many times did you talk to him?
- (4) How many times did you go to the bathroom last night?
- (5) How many times did he call you today?
- (6) How many times did he get married?
- (7) How many times was she hospitalized last year?

【量をたずねる】
How much＋物質名詞...?

〔練習問題〕 下記の和文を英訳せよ。
- (1) あなたはどの位お金の持ち合せがありますか。
- (2) あなたは毎晩どれ位コーヒーを飲みますか。
- (3) あなたは毎月どれ位お金を稼ぎますか。
- (4) あなたはどれ位夕食でワインを飲みますか。
- (5) あなたはどの位コーヒーに砂糖を入れましたか。
- (6) 私達は1日にどの位塩分を取れるのですか。
- (7) イランは1年にどの位石油を輸出するのですか。

〔語句のヒント〕 (1)持ち合わせている have with (6)塩分 salt (7)輸出する export

〔英訳〕
- (1) How much money do you have with you?

20 How ...? の各種表現

(2) How much coffee do you drink every evening?
(3) How much money do you make every month?
(4) How much wine do you drink with dinner?
(5) How much sugar did you put in the coffee?
(6) How much salt can we take a day?
(7) How much oil does Iran export a year?

〔発音ひとロメモ〕 coffee は [kɔ́(:)fi] ですから日本語のコーヒーとは発音がだいぶ違います。気をつけましょう。

●●● ワンポイント情報 ●●●

(1)〜(7)までは筆者の指導経験では

　　How much do you＋動詞＋名詞...?

　　How much do you drink beer every day?（誤）

という人が多いのでよく注意して(1)〜(7)の型をしっかり暗記して会話で使えるようにしましょう。

【年齢・年数をたずねる】
How old...?

〔練習問題〕　下記の和文を英訳せよ。

(1) あなたはいくつですか。
(2) 彼等はいくつですか。
(3) あなたの上司はいくつですか。
(4) あなたの秘書は何歳ですか。
(5) あなたのレストランは開店してから何年になりますか。
(6) うちの会社は設立してから何年になるのですか。

〔語句のヒント〕 (3)上司 boss (4)秘書 secretary

〔英訳〕
- ●(1)　How old are you?
- (2)　How old are they?
- (3)　How old is your boss?
- (4)　How old is your secretary?
- (5)　How old is your restaurant?
- (6)　How old is our company?

【期間や物の長さを漠然とたずねる】
How long...?

〔練習問題〕　下記の和文を英訳せよ。
- (1)　ミシシッピー河の長さはどれ位ですか。
- (2)　ワンレッスンはどれ位ですか。
- (3)　あなたの夏休みはどれ位ですか。
- (4)　あなたの昼食時間はどれ位ですか。
- (5)　あなたのズボンの長さはどれ位ですか。

〔語句のヒント〕 (3)夏休み summer vacation　(5)ズボン trousers

〔英訳〕
- ●(1)　How long is the Mississippi?
- (2)　How long is one lesson?
- (3)　How long is your summer vacation?
- (4)　How long is your lunchtime?

(5) How long are your trousers?

●●● ワンポイント情報 ●●●

(2)の lesson は個人的に教えるときに使われ，class は集団で教えるときに使います。

【サイズをたずねる】
How big...?

〔練習問題〕　下記の和文を英訳せよ。

(1) あなたの車はどの位の大きさですか。
(2) あなたのウエストはどの位ありますか。
(3) 彼の会社はどの位大きいのですか。
(4) 彼の別荘はどの位大きいのですか。
(5) 彼のレストランはどの位大きいのですか。
(6) エリー湖はどの位大きいのですか。
(7) あなたのクツのサイズはいくつですか。

〔語句のヒント〕　(2)ウエスト waistline　(4)別荘 villa　(6)湖 lake

〔英訳〕
●(1)　How big is your car?
(2)　How big is your waistline?
(3)　How big is his office?
(4)　How big is his villa?
(5)　How big is his restaurant?
(6)　How big is Lake Erie?

(7) How big are your shoes?

〔発音ひとロメモ〕 waist は日本語では「ウエスト」と言いますが，英語では [wéist] と発音します。テープをよく聞いて正しい発音を身につけましょう。

2 How＋副詞＋can you ... ? の各種表現

【速度・早さをたずねる】
How fast(early) ... ?

〔練習問題〕 下記の和文を英訳せよ。
(1) どれ位速くあなたは車を運転することができますか。
(2) どれ位速くあなたは走ることができますか。
(3) どれ位速くあなたはワープロを打てますか。
(4) どれ位早く（→何時から）明朝あなたに電話をかけられますか。
(5) どれ位早く明日あなたはここへ来られますか。
(6) どれ位早く私に連絡できますか。

〔語句のヒント〕 (1)速く fast (4)早く early (5)着く get (6)連絡する get in touch with

〔英訳〕
●(1) How fast can you drive?
(2) How fast can you run?
(3) How fast can you type on a wordprocessor?

(4) How early can I call you tomorrow morning?
(5) How early can you get here tomorrow?
(6) How early can you get in touch with me?

〔発音ひとロメモ〕 fast の a は [fǽst] で，口を横に引っぱった a です。first は [fə́ːst] で発音は違います。テープをよく聞いて両者の違いをマスターしましょう。

【時間・期間の長さをたずねる】
How long did ... ?

〔練習問題〕 下記の和文を英訳せよ。

(1) どの位彼はドイツに住んでいましたか。
(2) どの位あなたは彼等を待ちましたか。
(3) どの位彼はあなたの下で働きましたか。
(4) どの位あなたはそこで時間をつぶしていましたか。
(5) どの位あなたはギターの練習をしましたか。

〔語句のヒント〕 (1)どの位 How long ... ? (2)…を待つ wait for (3)…の下で働く work under (4)時間をつぶす kill time (5)練習する practice

〔英訳〕
●(1) How long did he live in Germany?
(2) How long did you wait for them?
(3) How long did he work under you?
(4) How long did you kill time there?

(5) How long did you practice the guitar?

••● ワンポイント情報 ●••

I work under him. は「彼は私の上司です」という意味です。名詞で表現すれば He's my boss./He's my supervisor と言います。

【経過した時間をたずねる】
How long ago ... ?

〔練習問題〕 下記の和文を英訳せよ。

(1) どの位前に彼は外出しましたか。
(2) どの位前に彼等はこのアパートから引っ越したのですか。
(3) どの位前に彼等はこのアパートに引っ越してきたのですか。
(4) どの位前に彼は退社しましたか。
(5) どの位前に彼は立ち寄りましたか。
(6) どの位前に彼は仕事をやめたのですか。

〔語句のヒント〕 (1)外出する go out (2)引っ越す move out (3)引っ越してくる move into (4)退社する leave the office (5)立ち寄る stop in (6)仕事をやめる quit one's job

〔英訳〕
●(1) How long ago did he go out?
(2) How long ago did they move out of this apartment?
(3) How long ago did they move into this apartment?

(4) How long ago did he leave the office?
(5) How long ago did he stop in?
(6) How long ago did he quit his job?

【上手さ・時刻・距離をたずねる】
How well(late *or* far) ...?

〔練習問題〕 下記の和文を英訳せよ。

(1) 彼等はどの位上手にオランダ語を話しますか。
　→彼等はどの位オランダ語を話しますか。
(2) 彼はどの位上手にヴァイオリンがひけますか。
　→彼はどの位ヴァイオリンがひけますか。
(3) あなたはどの位遅くまで私といられるのですか。
　→あなたは何時まで私といられるのですか。
(4) 私はどの位遅くまで今夜電話していいのですか。
　→私は今夜何時まで電話していいのですか。
(5) あなたは昨日どの位遠くまで行ったのですか。
　→あなたは昨日どこまで行ったのですか。
(6) あなたはどの位遠くまで私と一緒に行けますか。
　→あなたはどこまで私と一緒に行けますか。

〔語句のヒント〕 (1)上手に well　(3)遅く late　(4)電話する phone　今晩 tonight　(5)遠く far

〔英訳〕
●(1) How well can they speak Dutch?
(2) How well can he play the violin?

(3) How late can you stay with me?
(4) How late can I phone you tonight?
(5) How far did you go yesterday?
(6) How far can you go with me?

〔発音ひとロメモ〕 violin の v, phone の ph は上の歯で下唇をかんで出す摩擦音です。with の th は舌を上下の歯間に入れたまま発音する「ズ」です。

●●● ワンポイント情報 ●●●

「何時まで」というと Until what time ...? と言いがちです。これも正しいのですが，固い表現で，ふつうは How late ...? が使われています。「どこまで」という Until where ...? を使いがちですが，これは誤りです。英語では How far ...? になります。気をつけましょう。

【回数を漠然とたずねる】
How often ...?

〔練習問題〕 下記の和文を英訳せよ。

(1) 1年にどの位あなたは外国へ行きますか。
(2) 1年にどの位あなたは散髪しますか。
(3) 1年にどの位あなたは映画に行きますか。
(4) 1カ月にどの位あなたは歯医者に行きますか。
(5) 1カ月にどの位彼はここに来ますか。
(6) 1カ月にどの位あなたはゴルフをしますか。

〔語句のヒント〕 (1)しばしば often (2)散髪する get a haircut (3)映画に行く go to the movies

〔英訳〕

● (1)　How often in a year do you go abroad?
(2)　How often in a year do you get a haircut?
(3)　How often in a year do you go to the movies?
(4)　How often in a month do you go to the dentist?
(5)　How often in a month does he come here?
(6)　How often in a month do you play golf?

●●● ワンポイント情報 ●●●

How often ...? は回数をたずねるときの表現です。How many times ...? と聞いても同じです。

3 How + did you ... ? の各種表現

　この型の How ...? は「何で」とか「どうやって」と訳します。「何で」というと英作で How の代りに By what ...? と書く人が多いのですが，誤りです。How ...? を覚えましょう。

【交通機関をたずねる】
How ...?

〔練習問題〕　下記の和文を英訳せよ。

(1)　何であなたは大阪へ行きましたか。
(2)　何であなたは学校へ行きますか。
(3)　何であなたはここへ来ましたか。
(4)　何であなたのお父さんは仕事へ行きますか。
(5)　何で彼はアメリカへ行きましたか。

〔英訳〕

●(1)　How did you go to Osaka?
(2)　How do you go to school?
(3)　How did you come here?
(4)　How does your father go to work?
(5)　How did he go to America?

【手段をたずねる】
How ...?

〔練習問題〕　下記の和文を英訳せよ。

(1)　どうやってあなたは体重を減らしましたか。
(2)　どうやってあなたはタバコをやめましたか。
(3)　どうやってあなたは彼と知り合ったのですか。
(4)　どうやってあなたは彼等を説得しましたか。
(5)　どうやってあなたは商売を始めたのですか。

〔語句のヒント〕　(1)体重を減らす lose weight　(3)知り合う meet　(4)説得する persuade

〔英訳〕

●(1)　How did you lose weight?
(2)　How did you stop smoking?
(3)　How did you meet him?
(4)　How did you persuade them?
(5)　How did you start your business?

21 不可算名詞の数え方

　不可算名詞には物質名詞と抽象名詞があります。物質名詞とは water（水）のように目に見えますが一定の形がないので数で数えることができません。

　抽象名詞とは advice（助言）のように目には見えない名詞です。これら2者を数えるときは次のような表現を使います。

　a cup of coffee （コーヒー1杯）
　a glass of milk （ミルク1杯）
　a bottle of beer （ビール1本）
　a can of coke （コーク1缶）
　a bar of soap （石けん1個）
　a bar of chocolate （板チョコ1枚）
　a piece of toast （トースト1枚）
　a slice of bread （パン1枚）
　a loaf of bread （パン1個）
　a piece of information （情報1つ）
　a sheet of paper （紙1枚）
　a piece of paper （紙1枚，紙切れ）
　a bowl of boiled rice （ご飯1杯）

〔練習問題1〕 下記の和文を英訳せよ。

(1) 私にコーヒーを1杯いただけますか。
(2) 私にパンを2枚いただけますか。
(3) 私にミルクを2杯いただけますか。
(4) 彼にビールを1本持って行って下さい。
(5) 私にコーラを1本持って来て下さい。
(6) 私にコーラをひと缶持って来て下さい。
(7) 私に紙を2枚持って来て下さい。

〔語句のヒント〕 (1) 1杯 a cup of (2) 1枚 a slice of (3) 2杯 two glasses of (4) 1本 a bottle of 持って行く take (5) 持って来る bring (6) ひと缶 a can of (7) 2枚 two pieces of

〔英訳〕
●(1) Can I have a cup of coffee?
(2) Can I have two slices of bread?
(3) Can I have two glasses of milk?
(4) Take him a bottle of beer, please.
(5) Bring me a bottle of coke, please.
(6) Bring me a can of coke, please.
(7) Bring me two pieces of paper, please.

21 不可算名詞の数え方

〔練習問題 2〕 下記の和文を英訳せよ。

(1) 私にビールを1缶いただけますか。
(2) 私にパン1個いただけますか。
(3) 私に紙1枚いただけますか。
(4) 私に石けん1個いただけますか。
(5) 私に板チョコを1枚いただけますか。

〔語句のヒント〕 (2) (パン)／かたまりの a loaf of　(3) (紙など) 1枚の a sheet of　(4)石けん soap　1個の a bar of

〔英訳〕
- (1) Can I have a can of beer?
- (2) Can I have a loaf of bread?
- (3) Can I have a sheet of paper?
- (4) Can I have a bar of soap?
- (5) Can I have a bar of chocolate?

〔発音ひと口メモ〕 loaf は [lóuf] です。soap は [sóup] です。chocolate は [tʃákələt] で，日本語の「チョコレート」とは違います。テープで正しい発音を身につけましょう。

〔練習問題 3〕 下記の和文を英訳せよ。

(1) トーストを1枚いただけますか。
(2) ハムを1枚いただけますか。
(3) ベーコンを1枚いただけますか。
(4) 私にチョークを1本持ってきてくれますか。
(5) 私に紙を1枚持ってきてくれますか。

(6)　彼はロンドンに土地を1つ持っています。

〔語句のヒント〕　(1) 1枚 a piece of　(4) 1本 a piece of　(5) 1枚 a sheet of　(6) 1つ a piece of

〔英訳〕
- ●(1)　Can I have a piece of toast?
- (2)　Can I have a piece of ham?
- (3)　Can I have a piece of bacon?
- (4)　Will you bring me a piece of chalk?
- (5)　Will you bring me a sheet of paper?
- (6)　He has a piece of land in London.

〔発音ひとロメモ〕　paperは[péipə], toastは[tóust], chalkは[tʃɔ́:k]でそれぞれ日本語のペーパー, トースト, チョークとは発音が違います。テープでしっかり覚えましょう。

〔練習問題4〕　下記の和文を英訳せよ。

- (1)　私達にレモンティーを2杯持ってきて下さい。
- (2)　私達に冷たいオレンジジュースを2杯持ってきて下さい。
- (3)　私達にビールを2本持ってきて下さい。
- (4)　私達にごはんを2杯持ってきて下さい。
- (5)　私達に角砂糖を2個持ってきて下さい。
- (6)　私達にパンを2枚持ってきて下さい。

〔語句のヒント〕　(1)レモンティ tea with lemon　(2)冷えた chilled

21 不可算名詞の数え方

〔英訳〕
- (1) Give us two cups of tea with lemon, please.
- (2) Give us two glasses of chilled orange juice, please.
- (3) Give us two bottles of beer, please.
- (4) Give us two bowls of boiled rice, please.
- (5) Give us two lumps of sugar, please.
- (6) Give us two slices of bread, please.

〔練習問題5〕 下記の和文を英訳せよ。
- (1) 私達にビールを2缶持ってきて下さい。
- (2) 私達にパンを2個持ってきて下さい。
- (3) 私達に紙を2枚持ってきて下さい。
- (4) 私達に石けんを2個持ってきて下さい。
- (5) 私達にチョコレートを2枚持ってきて下さい。

〔語句のヒント〕 (2) loaf の複数形 loaves

〔英訳〕
- (1) Give us two cans of beer, please.
- (2) Give us two loaves of bread, please.
- (3) Give us two sheets of paper, please.
- (4) Give us two bars of soap, please.
- (5) Give us two bars of chocolate, please.

〔練習問題6〕 下記の和文を英訳せよ。
- (1) あなたは毎日何杯コーヒーを飲みますか。
- (2) 何杯水をおもちしましょうか。

(3) あなたは昼食に何杯ご飯を食べますか
(4) あなたは毎日何本ビールを飲みますか。
(5) あなたは何枚紙が必要なのですか。
(6) あなたは何箱石けんを買いましたか。
(7) あなたはいくつ土地をもっていますか。

〔英訳〕
●(1) How many cups of coffee do you drink every day?
(2) How many glasses of water do you want me to bring?
(3) How many bowls of rice do you eat for lunch?
(4) How many bottles of beer do you drink every day?
(5) How many sheets of paper do you need?
(6) How many boxes of soap did you buy?
(7) How many pieces of property do you own?

22 過去形の作り方

1 規則動詞の過去形

動詞の語尾に ed をつけると過去形になります。

● **過去形の発音 3 通り**

① [d] と発音する動詞が圧倒的に多い。
　　play<u>ed</u>, liv<u>ed</u>

② [t] と発音する動詞
　動詞の語尾の発音が f, k, p, s, tʃ のとき，それにつづく ed はいつも [t] と発音します。
　　laugh<u>ed</u>, ask<u>ed</u>, help<u>ed</u>, pass<u>ed</u>, wash<u>ed</u>, watch<u>ed</u>

③ 動詞の語尾のつづりが，t と d の後の ed は [id] と発音します。
　　want<u>ed</u>, need<u>ed</u>

〔練習問題1〕 下記の和文を英訳せよ。

(1) 私は2年間シカゴに住みました。
(2) 私達は今日の午後2時間フットボールをしました。
(3) 私は今朝彼に電話をしました。
(4) 私は昨夜ベティと電話で話しました。
(5) 私は早稲田の試験に落ちました。

〔語句のヒント〕 (1)2年間 for two years (2)今日の午後 This afternoon (3)今朝 this morning (4)昨夜 Last night (5)落ちる fail

〔英訳〕

●(1) I lived in Chicago for two years.
(2) This afternoon we played football for two hours.
(3) I called him this morning.
(4) Last night I talked to Betty on the phone.
(5) I failed the exam for Waseda University.

〔発音ひとロメモ〕 hour は [áuɚ] で our と同じ発音です。h は発音しません。call は [kɔ́ːl,] talk は [tɔ́ːk] です。

●●● ワンポイント情報 ●●●

(5)は fail the test と書いても正しいのですが,「入学試験」のことを言うときは exam または examination を使います。入試以外にはふつう test を使います。fail in the exam と一部の辞書に出ていますが,今は試験には in がない方がよく使われています。試験以外には fail in the business のように in が必要です。

22 過去形の作り方

〔練習問題2〕 下記の和文を英訳せよ。

(1) 彼は私のミスを笑いました。
(2) 彼女は私に5つ質問をした。
(3) 娘は青山の入試に合格しました。
(4) 彼はカップを床の上に落としてしまった。
(5) 彼は夕食前に手を洗いました。
(6) 私達は試合をテレビで見ました。

〔語句のヒント〕 (1)…を笑う laugh at (4)落とす drop (6)テレビで on TV

〔英訳〕

●(1) He laughed at my mistake.
(2) She asked me five questions.
(3) My daughter passed the examination for Aoyama.
(4) He dropped a cup on the floor.
(5) He washed his hands before dinner.
(6) We watched the game on TV.

〔発音ひとロメモ〕 question は [kwéstʃən] です。多くの人は [kwésʃən] と発音しますので、よくテープを聞いて正しい発音を身につけましょう。daughter は [dɔ́:tɚ] なのですが、[dóutə] と発音してしまう人が多いので、この点もテープで正しい発音を身につけましょう。

〔練習問題3〕 下記の和文を英訳せよ。

(1) 彼等は私達を夕食に招いてくれました。
(2) 私は何度もロンドンを訪れました。
(3) 会合は3時に終わりました。

(4) パーティーは7時に始まりました。
(5) 彼は同じミスをくり返しました。

〔語句のヒント〕 (1)招く invite (2)何度も many times (3)終わる end (4)始まる start (5)くり返す repeat

〔英訳〕
●(1) They invited us for dinner.
(2) I visited London many times.
(3) The meeting ended at 3:00.
(4) The party started at 7:00.
(5) He repeated the same mistake.

2 不規則動詞の過去形

不規則動詞は go → went, come → came, meet → met のように頭から変ってしまいます，これは1つ1つ覚えていくしかありません。

〔練習問題4〕 下記の和文を英訳せよ。

(1) 私は2日前駅の近くで彼を見ました。
(2) 私はおとといは横浜へ行きました。
(3) 彼は先週日曜日私の家に来ました。
(4) 彼女は朝早く家を出ました。
(5) そのとき変な音が聞こえました。

〔語句のヒント〕 (1)…前 ago (2)おととい the day before yesterday

22 過去形の作り方　147

(3)先週の日曜日 last Sunday　(4)家を出た left home　(5)聞こえた heard　そのとき then

〔英訳〕

●(1)　I saw him near the station two days ago.
(2)　I went to Yokohama the day before yestesday.
(3)　He came to my house last Sunday.
(4)　She left home early in the morning.
(5)　I heard a strange noise then.

〔**発音ひとロメモ**〕　ago [əgɔ́ː] と間違う人が多いのですが，[əgóu] です。saw は [sóu] とミスする人が多いのですが，正しくは [sɔ́ː] です。before は [bifɔ́ɚ] です。heard は [hə́ːd] ですから hard [háɚd] とは違います。いずれもテープで正しい発音を身につけましょう。

23 過去の疑問文の作り方

1 Did が文頭にくる過去の疑問文(1)

　その文に一般動詞があるときは文頭に Did を出します。Did は Do と Does の過去形ですから，主語の人称に関係なく使えます。

① Did you study Spanish last night?
　（あなたは昨夜スペイン語を勉強しましたか）
② Did he study Greek last night?
　（彼は昨夜ギリシャ語を勉強しましたか）
③ Did they study German last night?
　（彼らは昨夜ドイツ語を勉強しましたか）

23 過去の疑問文の作り方

〔練習問題１〕　下記の和文を英訳せよ。

(1)　あなたは去年の夏外国へ行きましたか。
(2)　あなたはフランス史を専攻したのですか。
(3)　あなたは彼等を家まで車で送りましたか。
(4)　あなたは彼等を説得したのですか。
(5)　あなたは彼女を捨てたのですか。
(6)　あなたはクーラーの温度をあげたのですか。

〔語句のヒント〕　(1)外国へ行く go abroad　(2)フランス史 French history　(3)…を家まで車で送る drive ... home　(4)説得する persuade　(5)捨てる dump　(6)上げる turn up

〔英訳〕

●(1)　Did you go overseas last summer?
(2)　Did you major in French history?
(3)　Did you drive them home?
(4)　Did you persuade them?
(5)　Did you dump her?
(6)　Did you turn up the air-conditioner?

〔発音ひとロメモ〕　major は [méidʒɚ], persuade は [pɚswéid] です。テープでしっかり覚えて下さい。

●●●　ワンポイント情報　●●●

(1) go overseas の代わりに go abroad としても同じ意味です。(5) dump は交際中の相手（男または女）を「振る」「捨てる」という意味です。throw away は不要なものを「捨てる」の意味です。

〔練習問題2〕 下記の和文を英訳せよ。

(1) 彼は自殺したのですか。
(2) 彼は飛行機に乗り遅れたのですか。
(3) 彼はあなたを誤解したのですか。
(4) 彼はあなたの言うことを聞き違えたのですか
(5) 彼は彼等と口論したのですか。
(6) 彼は秘書を首にしたのてですか。

〔語句のヒント〕 (1)自殺する kill oneself (2)飛行機に乗り遅れる miss the flight (3)誤解する misunderstand (4)聞き間違える mishear (5)口論する argue (6)首にする fire 秘書 secretary

〔英訳〕
●(1) Did he kill himself?
(2) Did he miss the flight?
(3) Did he misunderstand you?
(4) Did he mishear you?
(5) Did he argue with them?
(6) Did he fire his secretary?

〔発音ひとロメモ〕 misunderstand は [misʌndəstǽnd], argue は [ɑ́ːgjuː], fire は [fáiə] です。テープでしっかりマスターしてしまいましょう。

●●● ワンポイント情報 ●●●

(2) flight は飛行機便の意味です。この代わりに plane を使うこともできます。

(6) fire（首にする）の代りに sack [sǽk], dismiss [dismís] を使うこともできます。

〔練習問題3〕 下記の和文を英訳せよ。

(1) あなたはどこで彼と知り合ったのですか。
(2) あなたはどこで時間をつぶしたのですか。
(3) あなたはどこで事故を起こしたのですか。
(4) あなたはどこでこれを見つけたのですか。
(5) あなたはどこへ傘を忘れたのですか。
(6) あなたはどこに車を止めましたか。

〔語句のヒント〕 (1)知り合う meet (2)時間をつぶす kill time (3)事故を起こす cause the accident (4)見つける find (5)傘を忘れる leave an umbrella (6)（車を）止める park

〔英訳〕
●(1) Where did you meet him?
(2) Where did you kill time?
(3) Where did you cause the accident?
(4) Where did you find this?
(5) Where did you leave your umbrella?
(6) Where did you park your car?

〔発音ひとロメモ〕 cause は [kɔ́ːz] ですから a を下あごを下げて [ɔː] と発音しましょう。accident は [ǽksidənt] なので a は口を左右に引っぱって発音します。park は [páɚk], car は [káɚ] で a の部分は同じ発音します。

●●● **ワンポイント情報** ●●●

(5)で leave が「忘れる」の意味で使われていますが「忘れる」を意味する英語に forget があります。使い分けは leave は場所があるときに，forget は場所がないときに使います。

I left my dictionary at home.
（私は家に辞書を忘れきた）
I forgot my dictionary.
（辞書を忘れてきた）

〔練習問題4〕 下記の和文を英訳せよ。

(1) どの位前に彼は家を出たのですか。
(2) どの位前に彼は仕事をやめたのですか。
(3) どの位前に彼はあなたに連絡をしてきましたか。
(4) どの位前に彼はアパートから引っ越したのですか。
(5) 何年前に彼は亡くなられたのですか。
(6) 何年前に彼は会社を設立したのですか。
(7) 何年前に彼は博士号を取ったのですか。

〔語句のヒント〕 (1)家を出る leave home (2)やめる quit (3)連絡をする get in touch with (4)…から引っ越す move out of (5)亡くなる pass away (6)設立する establish (7)博士号を取る get a Ph. D.

〔英訳〕

●(1) How long ago did he leave home?
(2) How long ago did he quit his job?
(3) How long ago did he get in touch with you?
(4) How long ago did he move out of his flat?

(5) How many years ago did he pass away?

(6) How many years ago did he establish his company?

(7) How many years ago did he get a Ph. D.?

〔発音ひとロメモ〕 quit (やめる) は [kwít] です。quite (全く) は [kwáit], quiet は [kwáiət] です。間違えないようにテープをよく聞きましょう。

•••● ワンポイント情報 ●•••

「博士号を取る」というとき，日本語につられて take a Ph. D. と言いがちですが，資格，賞を「取る」には get を使います。

〔練習問題 5〕 下記の和文を英訳せよ。

(1) 彼女は誰にほほえんだのですか。
(2) 彼女は誰をほめたのですか。
(3) 彼女は誰に謝ったのですか。
(4) 彼女は誰と口論したのですか。
(5) 彼女は誰を笑ったのですか。
(6) 彼女は誰と外出したのですか。

〔語句のヒント〕 (1)ほほえむ smile (2)…をほめる say good things about (3)謝る apologize (4)口論する argue (5)笑う laugh (6)外出する go out

〔英訳〕

●(1) Who did she smile at?
 (2) Who did she say good things about?

(3) Who did she apologize to?
(4) Who did she argue with?
(5) Who did she laugh at?
(6) Who did she go out with?

〔練習問題 6〕 下記の和文を英訳せよ。

(1) なぜあなたは大学を中退したのですか。
(2) なぜあなたは仕事をやめたのですか。
(3) なぜあなたはあのアパートに決めたのですか。
(4) なぜあなたはトムと別れたのですか。
(5) なぜあなたは仕事に興味を失ったのですか。

〔語句のヒント〕 (1)中退する drop out of (3)…に決める decide on (4)別れる break up with (5)興味を失う lose interest

〔英訳〕

●(1) Why did you drop out of college?
(2) Why did you quit your job?
(3) Why did you decide on that apartment?
(4) Why did you break up with Tom?
(5) Why did you lose interest in your job?

〔発音ひとロメモ〕 decide は [disáid], lose [lúːz], interest は [íntərist] です。

●●●　ワンポイント情報　●●●

leave one's job（仕事をやめる）はイギリス人が主として使いま

23 過去の疑問文の作り方　155

す。アメリカ人はふつう quit one's job を言います。

〔練習問題7〕　下記の和文を英訳せよ。

(1)　あなたはいつ彼等から知らせがあったのですか。
(2)　あなたはいつ予約をしたのですか。
(3)　あなたはいつ彼等に手紙を書いたのですか。
(4)　あなたはいつベティに本を返しましたか。
(5)　あなたはいつ彼からお金を借りたのですか。
(6)　彼はいつスウェーデンへ出発したのですか。

〔語句のヒント〕　(1)…から知らせがある hear from　(2)予約する make reservations　(3)…に手紙を出す write to　(4)返す return　(5)借りる borrow　(6)…へ出発する leave for

〔英訳〕

●(1)　When did you hear from them?
(2)　When did you make reservations?
(3)　When did you write to them?
(4)　When did you return the book to Betty?
(5)　When did you borrow the money from him?
(6)　When did he leave for Sweden?

〔発音ひとロメモ〕　write は right と同じで，[ráit]と発音します。borrow は [bárou] です。

〔**練習問題 8**〕 下記の和文を英訳せよ。

(1) あなたは休暇中何をしたのですか。
(2) あなたは昼食に何を食べたのですか。
(3) あなたは誕生日に何をジムにプレゼントしたのですか。
(4) あなたは彼から何をもらったのですか。
(5) あなたは彼等に何を昼食におごったのですか。

〔**語句のヒント**〕 (1)…の間 during (2)昼食に for lunch (3)彼の誕生日に for his birthday (4)もらう get (5)おごる buy

〔**英訳**〕
●(1) What did you do during your vacation?
(2) What did you eat for lunch?
(3) What did you give Jim for his birthday?
(4) What did you get from him?
(5) What did you buy them for lunch?

〔**発音ひとロメモ**〕 birthday は [bə́:θdei] ですから、日本語の「バースデー」とは発音が違います。

2 Was(Were)が文頭にくる過去の疑問文(2)

　その文に一般動詞がないときは、文頭に Was か Were を出します。Was か Were が文頭に出たときは主語の後に名詞か形容詞が続きます。

① Was he a singer before? (名詞)
　(彼は以前歌手でしたか)
② Were you busy last week? (形容詞)
　(あなたは先週忙しかったのですか)
③ Were they cool to you? (形容詞)
　(彼等はあなたに冷ややかでしたか)

〔練習問題1〕　下記の和文を英訳せよ。
(1) あなたはそのとき私のことを怒っていたのですか。
(2) あなたは今朝会合に遅れたのですか。
(3) あなたは約束に間に合ったのですか。
(4) あなたはそのとき疲れていましたか。
(5) あなたは先週忙しかったのですか。

〔語句のヒント〕　(1)～を怒っていた were angry at　(2)～に遅れた were late for　(3)～に間に合った were on time for　(4)そのとき at that time

〔英訳〕

● (1)　Were you angry at me then?
　(2)　Were you late for the meeting this morning?
　(3)　Were you on time for the appointment?
　(4)　Were you tired at that time?
　(5)　Were you busy last week?

●●●　ワンポイント情報　●●●

「そのとき」は then, at the time, at that time が使われています。また then は文頭に使うと「それでは」「それなら」の意味になります。

　　Then I will help you.
　　（それなら私はあなたを手伝います）

〔練習問題2〕　下記の和文を英訳せよ。
　(1)　彼は以前あなたの上司だったのですか。
　(2)　彼はあなたに対して感じが良かったですか。
　(3)　彼はあなたに対して横柄でしたか。
　(4)　ジムは時間を守りましたか。
　(5)　ジムはあなたに対して失礼でしたか。

〔語句のヒント〕　(1)上司 supervisor　(2)…に感じがよかった was nice to　(3)…に横柄であった was arrogant to　(4)時間を守った was punctual　(5)…に失礼だった was impolite to

〔英訳〕
● (1)　Was he your supervisor before?
　(2)　Was he nice to you?

(3)　Was he arrogant to you?
(4)　Was Jim punctual?
(5)　Was Jim impolite to you?

〔練習問題3〕　下記の和文を英訳せよ。

(1)　テストは難しかったですか。
(2)　パーティーはとても楽しかったですか。
(3)　映画はよかったですか。
(4)　横浜は昨夜むし暑かったですか。
(5)　あの公衆電話は故障していましたか。

〔語句のヒント〕　(1)難しい tough　(2)とても楽しい great fun　(4)むし暑い muggy　(5)公衆電話 pay telephone　故障して out of order

〔英訳〕

●(1)　Was the test tough?
(2)　Was the party a lot of fun?
(3)　Was the movie good?
(4)　Was it muggy in Yokohama last night?
(5)　Was that pay telephone out of order?

〔発音ひとロメモ〕　(1)の tough は [tʌf], fun は [fʌn] で fan (ファン) [fæn] とは違います。テープをよく聞いて覚えましょう。

● ● ●　ワンポイント情報　● ● ●

(1)「難しい」には① tough, ② hard, ③ difficult があります。会話では①と②の方が③よりずっと使われています。(5) be out of order

は公共のものが「故障している」というときに使います。公共物でないときは(A) be broken (B) be broken down が使われています。(A)は小さいものに(B)は大きいものに使います。

　　My watch is broken.（私の時計はこわれています）
　　My car is broken down.（私の車はこわれています）

〔練習問題4〕　下記の和文を英訳せよ。

(1)　あなたはなぜ彼に対して怒っていたのですか。
(2)　彼女はなぜ首になったのですか。
(3)　ジムはなぜ昇進したのですか。
(4)　ジムはなぜ格下げになったのですか。
(5)　ジムはなぜいらいらしていたのですか。

〔語句のヒント〕　(2)くびになった was sacked　(3)昇進した was promoted　(4)格下げになった was demoted　(5)いらいらしている be impatient

〔英訳〕
●(1)　Why were you angry with him?
(2)　Why was she sacked?
(3)　Why was Jim promoted?
(4)　Why was Jim demoted?
(5)　Why was Jim impatient?

〔発音ひとロメモ〕　sack は [sǽk] で，suck（吸う）は [sʌ́k] ですから違います。テープでしっかり違いを覚えましょう。

23 過去の疑問文の作り方

〔練習問題5〕 下記の和文を英訳せよ。

(1) 彼はどんな人でしたか。
(2) 彼は何がこわかったのですか。
(3) 彼は何のことを喜んでいたのですか。
(4) 彼女は何に神経質になっていたのですか。
(5) 彼女は何のことで気難しかったのですか。

〔語句のヒント〕 (1)…のようだった was like (2)…がこわかった was afraid of (3)…のことを喜んでいた was happy about (4)…に神経質になっていた was sensitive to (5)…のことで気難しかった was particular about

〔英訳〕
●(1) What was he like?
(2) What was he afraid of?
(3) What was he happy about?
(4) What was she sensitive to?
(5) What was she particular about?

〔練習問題6〕 下記の和文を英訳せよ。

(1) 彼はその頃誰に夢中だったのですか。
(2) 彼はそのとき誰をえこひいきしていたのですか。
(3) 彼はそのとき誰を心配していましたか。
(4) 彼は昨日誰と一緒にいたのですか。
(5) 彼は誰に友交的だったのですか。

〔語句のヒント〕 (1)その頃 back then …に夢中だった was crazy

about (2)えこひいきする be partial to (3)…を心配していた was anxious about

〔英訳〕
- ●(1)　Who was he crazy about back then?
- (2)　Who was he partial to then?
- (3)　Who was he anxious about then?
- (4)　Who was he with yesterday?
- (5)　Who was he friendly to?

〔**発音ひとロメモ**〕　anxious は [ǽŋkʃəs] と発音します。テープで正しい発音を覚えて下さい。

24 進行形の作り方

進行形には下記の3種類があります。

現在進行形，過去進行形，未来進行形，筆者の長年の指導経験によると現在形と現在進行形，過去形と過去進行形，未来形と未来進行形の区別がはっきりしていない人が多いのです。これらを区別するには比較しながら勉強することが効果的なので下記に並記しますからよく両者の違いをマスターして自由自在に使えるようにしましょう。

現在進行形の作り方

公式：am（is, are）＋動詞の原形＋ing
訳し方：…しています。…しているところです。

① 〈現　在　形〉I study French every day.
　　　　　　　　（私は毎日フランス語を勉強します）
　〈現在進行形〉I am studying French now.
　　　　　　　　（私は今，フランス語勉強しているところです）
② 〈現　在　形〉We go to Yokohama every Sunday.

　　　　　　　　（私達は毎週日曜日に横浜へ行きます）
　〈現在進行形〉We are going to Yokohama now.
　　　　　　　　（私達は今横浜へ行くところです）
③〈現　在　形〉He comes here every Tuesday.
　　　　　　　　（彼は毎週火曜日にここへ来ます）
　〈現在進行形〉He is coming here now.
　　　　　　　　（彼は今ここへ来るところです）
④〈現　在　形〉They play tennis every afternoon.
　　　　　　　　（彼等は毎日午後テニスをします）
　〈現在進行形〉They are playing tennis now.
　　　　　　　　（彼等は今テニスをしています）

過去進行形の作り方

公式：was（were）＋動詞の原形＋ing
訳し方：…していました。…していたところです。

①〈過　去　形〉I studied French last night.
　　　　　　　　（私は昨夜フランス語を勉強しました）
　〈過去進行形〉I was studying French then.
　　　　　　　　（私はそのときフランス語を勉強していました）
②〈過　去　形〉We went to Yokohama last week.
　　　　　　　　（私達は先週横浜へ行きました）
　〈過去進行形〉We were going to Yokohama then.
　　　　　　　　（私達はそのとき横浜へ行くところでした）
③〈過　去　形〉He came here yesterday.

(彼は昨日ここへ来ました)
〈過去進行形〉He was coming here then.
(彼はそのときここへ来るところでした)
④〈過　去　形〉They played tennis yesterday.
(彼等は昨日テニスをしました)
〈過去進行形〉They were playing tennis then.
(彼等はそのときテニスをしていました)

未来進行形の作り方

公式：will+be+ing　訳し方：…しているでしょう。

①〈未　来　形〉Then I will help him tomorrow.
(それでは明日彼を手伝います)
〈未来進行形〉I will be helping him tomorrow afternoon.
(私は明日の午後彼を手伝っているでしょう)
②〈未　来　形〉Then we will practice tennis tomorrow.
(それなら私達は明日テニスを練習します)
〈未来進行形〉We will be practicing tennis tomorrow afternoon.
(私達は明日の午後テニスを練習しているでしょう)
③〈未　来　形〉It will rain tomorrow.
(明日は雨が降るでしょう)
〈未来進行形〉It will be raining tomorrow afternoon.
(明日の午後は雨が降っているでしょう)

では現在進行形，過去形，未来進行形を会話で自由自在に駆

使できるようになるために練習してみましょう。

1 現在進行形

〔練習問題1〕 下記の和文を英訳せよ。

(1) 私は今彼と電話で話しているところです。
(2) 私は今彼に手紙を書いています。
(3) 彼は今家を出るところです。
(4) 彼等は今外出するところです。
(5) ビルが今台所から出てくるところです。

〔語句のヒント〕 (1)電話で on the phone　話す talk　(2)手紙を書く write to　(3)家を出る leave home　(4)外出する go out　(5)出てくる come out

〔英訳〕
●(1)　I'm talking to him on the phone now.
(2)　I'm writing to him now.
(3)　He's leaving home now.
(4)　They're going out now.
(5)　Bill is coming out of the kitchen now.

24 進行形の作り方

〔練習問題2〕 下記の和文を英訳せよ。

(1) 私はお腹がすいてきました。
(2) 私は疲れてきました。
(3) 最近は寒くなってきました。
(4) この頃はむし暑くなってきました。
(5) この頃は日本も危険になってきました。
(6) 英語が面白くなってきました。
(7) 東京は国際的になってきました。

〔語句のヒント〕 (1)お腹がすく get hungry (2)疲れる get tired (3)最近 these days　寒くなる get cold (4)この頃 these days　むし暑くなる get muggy (5)危険になる become dangerous (7)国際的な international

〔英訳〕

●(1) I'm getting hungry.
(2) I'm getting tired.
(3) These days it's getting cold.
(4) These days it's getting muggy.
(5) These days Japan is becoming dangerous.
(6) English is becoming interesting.
(7) Tokyo is becoming international.

2 過去進行形

〔練習問題1〕 下記の和文を英訳せよ。

(1) 私はそのとき車を修理していました。
(2) 私達はそのとき口論していました。
(3) 彼はそのときラジオを聴いていました。
(4) 彼はそのときコーヒーを入れていました。
(5) 昨夜は雨が少し降っていました。
(6) 今朝は雪が激しく降っていました。

〔語句のヒント〕 (1)修理する fix (2)口論する argue (3)聴く listen to (4)コーヒーを入れる make coffee (5)雨が降る it rains (6)雪が激しく降る it snows hard

〔英訳〕
●(1) I was fixing my car then.
(2) We were arguing then.
(3) He was listening to the radio then.
(4) He was making coffee then.
(5) It was raining a little last night.
(6) It was snowing hard this morning.

〔練習問題 2〕　下記の和文を英訳せよ。

(1)　あなたはそのとき何のことで文句言っていたのですか。
(2)　あなたはそのとき何のことを話していたのですか。
(3)　あなたはそのときどこへ行くところだったのですか。
(4)　あなたはそのときどこに滞在していたのですか。
(5)　あなたはそのとき誰と話しをしていたのですか。
(6)　あなたはそのとき誰とテニスをしていたのですか。

〔語句のヒント〕　(1)文句言う complain　(2)話す talk　(4)滞在する stay

〔英訳〕
●(1)　What were you complaining about then?
(2)　What were you talking about then?
(3)　Where were you going then?
(4)　Where were you staying then?
(5)　Who were you talking to then?
(6)　Who were you playing tennis with then?

3　未来進行形

〔練習問題 1〕　下記の和文を英訳せよ。

(1)　私は明日の午後はギターの練習をしているでしょう。
(2)　私は今晩テレビで野球の試合を見ているでしょう。

(3) 私は8時ごろはお風呂に入っているでしょう。
(4) 彼は明朝6時ごろまだ寝ているでしょう。
(5) 私達は明日の11時には新幹線に乗っているでしょう。

〔語句のヒント〕 (1)明日の午後 tomorrow afternoon (2)テレビで on TV (3)風呂に入る take a bath (5)新幹線で on the bullet train 乗る ride

〔英訳〕
●(1) I'll be practicing the guitar tomorrow afternoon.
(2) I'll be watching the baseball game on TV this evening.
(3) I'll be taking a bath around 8:00.
(4) He'll still be sleeping around 6:00 tomorrow morning.
(5) We'll be riding on the bullet train at 11:00 tomorrow.

〔練習問題2〕 下記の和文を英訳せよ。
(1) 今日の午後は雨が降っているでしょう。
(2) 今晩7時ごろは私達はパーティーを開いているでしょう。
(3) 私は明日の今ごろはパーティーの準備をしているでしょう。
(4) 彼女は7時ごろはまだ会社で働いているでしょう。
(5) メアリーは6時ごろは夕食の仕度をしているでしょう。

〔語句のヒント〕 (1)雨が降る It rains. (2)パーティーを開く throw a

party　(3)準備する prepare for the party　(4)まだ still　(5)仕度をする cook

〔英訳〕

● (1)　It'll be raining this afternoon.
　(2)　We'll be throwing a party about 7:00 this evening.
　(3)　I'll be preparing for the party about this time tomorrow.
　(4)　She'll be still working at the office around 7:00.
　(5)　Mary will be cooking dinner around 6:00

25 時を示す語の前で使う前置詞

ここでは会話でよく使われている at＋時間, on＋曜日, on＋日付, in＋月の名前, in＋季節の名前, in＋年, before＋時を示す語, after＋時を示す語, until＋時を示す語, by＋時を示す語, during＋時を示す語, を勉強しましょう。

I get up at 6:00 every morning.
（私は毎朝6時に起きます）
I come here on Monday and Friday.
（私は月曜日と金曜日にここへ来ます）
They left Japan on March 6th.
（彼等は3月6日に日本を発ちました）
Japanese schools end in March.
（日本の学校は3月に終わります）
Roosevelt took office in 1933.
（ルーズヴェルトは1933年に就任しました）
Oxford University was founded in the twelfth century.
（オックスフォード大学は12世紀に創立されました）
Please stay here until 3:00.
（3時までここにいて下さい）

Come home by 7:00.
(7時までに帰宅しなさい)
He was sleeping during the meeting.
(彼は会議の間,寝ていました)
では会話で使えるようにたくさん練習しましょう。

1 at＋時間を示す語

〔練習問題〕 下記の和文を英訳せよ。

(1) 私は毎朝6時に目がさめます。
(2) 私はふつう7時30分に家を出ます。
(3) 私達は6時に仕事がひけます。
(4) パーティーは6時30分に始まります。
(5) 記者会見は2時に終わりました。
(6) 披露宴は3時に終わります。
(7) 卒業式は10時に始まります。

〔語句のヒント〕 (1)目がさめる wake up (2)ふつう usually (3)仕事がひける get off work (5)記者会見 press conference 終わる be over (6)披露宴 wedding reception (7)卒業式 commencement exercises

〔英訳〕
●(1) I wake up at 6:00 every morning.
 (2) I usually leave home at 7:30

(3) We get off work at 6:00.
(4) The party starts at 6:30.
(5) The press conference was over at 2:00.
(6) The wedding reception ends at 3:00.
(7) The commencement exercises begin at 10:00.

2 on＋曜日

〔練習問題〕 下記の和文を英訳せよ。

(1) 私は日曜日にミサに行きます。
(2) 私は火曜日にフランス語の学校へ行きます。
(3) 彼は月曜日と金曜日に大学で教えています。
(4) 彼女は火曜日と土曜日にパートで働いています。
(5) みんな金曜日には残業します。
(6) 私達は土曜日と日曜日には働きません。

〔語句のヒント〕 (1)ミサ mass (5)残業する work overtime

〔英訳〕

●(1) I go to mass on Sunday.
(2) I go to a French school on Tuesday.
(3) He teaches at college on Monday and Friday.
(4) She works part-time on Tuesday and Saturday.
(5) Everybody works overtime on Friday.
(6) We don't work on Saturday and Sunday.

〔**練習問題**〕 下記の和文を英訳せよ。

(1) 学校は4月6日に始まります。
(2) 学校は6月7日に終わります。
(3) 卒業式は6月10日に行われます。
(4) 私は10月2日に生まれました。
(5) 彼は7月15日に日本へ来ました。

〔**語句のヒント**〕 (3)卒業式 graduation (4)生まれる be born

〔**英訳**〕

●(1) School starts on April sixth.
(2) School ends on June seventh.
(3) The graduation will take place on June tenth.
(4) I was born on October second.
(5) He came to Japan on July fifteenth.

3 on＋曜日の午前（午後，夜）

〔**練習問題**〕 下記の和文を英訳せよ。

(1) 私は水曜日の午前ギリシャ語を教えています。
(2) 私は火曜日の午後アラビア語を勉強しています。
(3) 彼は火曜日の夜，経済学を教えています。
(4) 彼は木曜日の朝オランダ語を勉強しています。
(5) 私達は土曜日の午後サッカーを練習します。
(6) 私達は日曜日の午後ギターを練習します。

〔語句のヒント〕 (1)ギリシャ語 Greek (2)アラビア語 Arabic (3)経済学 economics (4)オランダ語 Dutch (5)練習する practice

〔英訳〕

- ●(1)　I teach Greek on Wednesday mornings.
- (2)　I have Arabic class on Tuesday afternoons.
- (3)　He teaches economics on Tuesday evenings.
- (4)　He has Dutch class on Thursday mornings.
- (5)　We practice soccer on Saturday afternoons.
- (6)　We practice the guitar on Sunday afternoons.

4 in＋月の名前

〔練習問題〕 下記の和文を英訳せよ。

(1)　アメリカの学校は9月に始まります。
(2)　日本の学校は3月に終わります。
(3)　2人は5月に結婚しました。
(4)　私達は11月に結婚する予定です。
(5)　私達は1月にこの店を開きました。

〔語句のヒント〕 (3)結婚する get married (4)予定です be going to

〔英訳〕

- ●(1)　American schools start in September.
- (2)　Japanese schools end in March.

(3)　They got married in May.
(4)　We're going to get married in November.
(5)　We opened this store in January.

5　before＋時を示す語①

〔練習問題〕　下記の和文を英訳せよ。

(1)　彼は朝食の前にテレビを見ました。
(2)　彼は昼食の前に外出しました。
(3)　彼は夕食前に庭を掃除しました。
(4)　彼は7時前に帰ってきました。
(5)　彼は夏休み前に帰ってきました。

〔語句のヒント〕　(1)朝食 breakfast　(2)外出する go out　(5)夏休み summer vacation

〔英訳〕

●(1)　He watched TV before breakfast.
(2)　He went out before lunch.
(3)　He cleaned the yard before dinner.
(4)　He came back before 7:00.
(5)　He came back before summer vacation.

6　before＋時を示す語②

〔練習問題〕　下記の和文を英訳せよ。

(1) 彼は新学期の前に日本を発ちました。
(2) 彼はクリスマスの前に退院しました。
(3) 彼はお祭りの前に病気になりました。
(4) 私は朝食の前に犬を散歩させました。
(5) 彼は講演の前に突然姿を消しました。
(6) 私達は旅行の前に一緒に話し合いました。

〔語句のヒント〕　(1)新学期 new semester　(2)退院する leave the hospital　(3)お祭り festival　(4)散歩させる walk　(5)講演 lecture　突然 suddenly　姿を消す disappear

〔英訳〕

●(1)　He left Japan before the new semester.
(2)　He left the hospital before Christmas.
(3)　He became ill before the festival.
(4)　I walked my dog before breakfast.
(5)　He suddenly disappeared before the lecture.
(6)　We talked together before the trip.

7　after＋時を示す語①

〔練習問題〕　下記の和文を英訳せよ。

(1)　私は6時過ぎに目がさめました。
(2)　彼は7時過ぎに家を出ました。
(3)　彼は8時過ぎに私に電話してきました。
(4)　彼は9時過ぎに事務所に行きました。
(5)　彼は10時過ぎに休憩しました。
(6)　彼は2時過ぎに私の事務所に立ち寄りました。
(7)　彼は朝食の後で私に電話してきました。
(8)　彼は1学期が終った後アメリカへ帰りました。

〔語句のヒント〕　(1)過ぎに after　目がさめる wake up　(2)出た left　(3)…の後で after　(4)…へ行った got to　(5)休憩する take a break　(6)立ち寄る drop in　(8)帰る return　学期 term　終わった後 after …

〔英訳〕

●(1)　I woke up after 6:00.
　(2)　He left the house after 7:00.
　(3)　He called me after 8:00.
　(4)　He got to the office after 9:00.
　(5)　He took a break after 10:00.
　(6)　He dropped in at my office after 2:00.
　(7)　He called me up after breakfast.

(8) He returned to America after the first term.

8　after＋時を示す語②

〔練習問題〕　下記の和文を英訳せよ。

(1) 彼は手術の後死亡しました。
(2) 彼は講演の後倒れました。
(3) 私達は授業の後夕食を食べました。
(4) 彼は夕食の後，散歩に出かけました。
(5) 私達は卒業式の後駅で会いました。
(6) 私達は旅行の後口論しました。

〔語句のヒント〕　(1)手術 operation　(2)倒れる collapse　(5)卒業式 graduation ceremony　(6)口論する argue

〔英訳〕
- (1) He died after the operation.
- (2) He collapsed after the lecture.
- (3) We had dinner after class.
- (4) He took a walk after dinner.
- (5) We met at the station after the graduation ceremony.
- (6) We argued after the trip.

9 for＋数字＋名詞①

〔練習問題〕 下記の和文を英訳せよ。

(1) 私は毎日30分間ジョギングします。
(2) 私は1日置きに約1時間犬を散歩させます。
(3) 私は毎週火曜日心理学を3時間教えています。
(4) 私達は昨日10時間連続でフットボールの練習をしました。
(5) 私は2時間駅で彼を待ちました。
(6) 私達は2週間ヒルトンに泊りました。

〔語句のヒント〕 (1)30分間 for half an hour (2)1日置きに every other day　散歩させる walk (3)心理学 psychology (4)連続で straight (6)泊る stay

〔英訳〕
●(1) I jog for half an hour every day.
(2) I walk my dog for about an hour every other day.
(3) I teach psychology for three hours every Tuesday.
(4) We practiced football for ten hours straight yesterday.
(5) I waited for him at the station for two hours.
(6) We stayed at the Hilton for two weeks.

10 for＋数字＋名詞②

〔練習問題〕 下記の和文を英訳せよ。

(1) 私は15年間アメリカに住んでいました。
(2) 私は10年間外務省に勤めていました。
(3) 私は5年間中央大学で経営学を教えました。
(4) 私は長年彼の下で働きました。
(5) 私は長年母校で教えました。
(6) 私は2年半彼と一緒にいました。
(7) 私は約8年彼と結婚していました。

〔語句のヒント〕 (2)外務省 the Foreign Ministry (3)経営学 management (5)母校 alma mater (6)2年半 two and half years (7)…と結婚している be married to

〔英訳〕

●(1) I lived in America for fifteen years.
(2) I worked for the Foreign Ministry for ten years.
(3) I taught management at Chuo University for five years.
(4) I worked under him for many years.
(5) I taught at my alma mater for many years.
(6) I was with him for two and half years.
(7) I was married to him for about eight years.

11 during＋時間

〔練習問題〕　下記の和文を英訳せよ。

(1) 私は夏の間，オランダにいました。
(2) 彼は会議中，何も言いませんでした。
(3) 授業中，話をしないで下さい。
(4) 私はスト中仕事に行きませんでした。
(5) 彼等は葬式の間泣いていました。
(6) 私達は就業時間中タバコは吸えません。
(7) 彼は式の間咳をしていました。

〔語句のヒント〕　(1)オランダ Holland　(3)授業 class　(4)スト strike　(5)葬式 funeral　(6)就業時間中 during office hours　(7)咳をする cough

〔英訳〕

●(1)　I was in Holland during the summer.
(2)　He didn't say anything during the meeting.
(3)　Don't talk during class.
(4)　I didn't go to work during the strike.
(5)　They were crying during the funeral.
(6)　We can't smoke during office hours.
(7)　He was coughing during the ceremony.

12 by ＋時を示す語

〔練習問題〕 下記の和文を英訳せよ。

(1) 私は10時までに彼に電話をしなければならないんです。
(2) 私は11時までに彼に連絡をしなければならないんです。
(3) 私達は7月までにこの店を処分しなければならないんです。
(4) 私達は正午までにここを出なければならないんです。
(5) 私達は月末までにあの請求書を払わなければならないんです。
(6) 私達は5時までにそこへ行かなければならないんです。

〔語句のヒント〕 (1)…しなければならない have to＋動詞 (2)連絡する get in touch (3)処分する get rid of (4)出る leave (5)請求書 bill

〔英訳〕
- (1) I have to call him by 10:00.
- (2) I have to get in touch with him by 11:00.
- (3) We have to get rid of this store by July.
- (4) We have to leave here by noon.
- (5) We have to pay that bill by the end of the month.
- (6) We have to get there by 5:00.

13 until＋時を示す語

〔練習問題〕　下記の和文を英訳せよ。

(1)　私は昨夜7時まで事務所にいました。
(2)　私は今朝10時まで家にいました。
(3)　私は今日の午後3時まで彼等と一緒にいました。
(4)　私は昨年までソニーに勤めていました。
(5)　私は1990年までポルトガルに住んでいました。
(6)　私は一昨年まで大学で経済学を教えていました。

〔語句のヒント〕　(1)昨夜 last night　(4)昨年 last year　(5)ポルトガル Portugal　(6)教えた taught　一昨年 the year before last

〔英訳〕
- (1)　I was at the office until 7:00 last night.
- (2)　I was at home until 10:00 this morning.
- (3)　I was with them until 3:00 this afternoon.
- (4)　I worked for Sony until last year.
- (5)　I lived in Portugal until 1990.
- (6)　I taught economics at college until the year before last.

26 What＋名詞の各種表現

1 On what day ... ?

On what day did you see him?
(何曜日にあなたは彼に会ったのですか)

「何曜日に」の「に」は on で表します。
　この on は文尾に置いて What day did you see him on? としても構いません。
　What day is it today?（今日は何曜日ですか）というときには,「に」に相当する語が日本語にないので on が不要なのです。
　この違いに気をつけましょう。

〔**練習問題**〕 下記の和文を英訳せよ。

(1) あなたは先週何曜日に歯医者へ行ったのですか。
(2) 何曜日にあなたは大学で教えるのですか。
(3) 何曜日にあなたはイタリア語を習うのですか。
(4) 毎週何曜日に会合を開くのですか。
(5) 何曜日に披露宴を開いたのですか。
(6) 何曜日に彼を病院に見舞ったのですか。

〔**語句のヒント**〕 (4)会合を開く have the meeting (5)披露宴を開く hold the wedding reception (6)見舞う visit

〔**英訳**〕

(1) On what day did you go to the dentist last week?
(2) On what day do you teach at the college?
(3) On what day do you learn Italian?
(4) On what day do you have the meeting every week?
(5) On what day did you hold the wedding reception?
(6) On what day did you visit him at the hospital?

2 On what date … ?

これは日付をたずねるときに使う表現です。

〔練習問題〕　下記の和文を英訳せよ。

(1) 何日に彼等はアメリカを出発したのですか。
(2) 何日にあなたのお父さんはアメリカから帰って来たのですか。
(3) 何日に彼女は亡くなったのですか。
(4) 何日にあなたは仕事をやめたのですか。
(5) 何日に2人は結婚したのですか。
(6) 何日に彼は姿を消したのですか。

〔語句のヒント〕　(1)出発する leave　(3)亡くなる pass away　(4)やめる quit　(5)結婚する get marry　(6)姿を消す disappear

〔英訳〕
●(1)　On what date did they leave America?
(2)　On what date did your father come back from America?
(3)　On what date did she pass away?
(4)　On what date did you quit your job?
(5)　On what date did they get married?
(6)　On what date did he disappear?

3　In what month ... ?

in April のように月の前には in が使われます。この in も文尾に置いても構いません。

〔練習問題〕　下記の和文を英訳せよ。

(1)　何月に息子さんは生まれたのですか。
(2)　何月にイギリスの学校は始まりますか。
(3)　何月に彼等は日本に来たのですか。
(4)　何月にアメリカの学校は終わりますか。
(5)　何月にあなたのひいおじいさんは亡くなったのですか。
(6)　何月に2人は結婚したのですか。

〔語句のヒント〕　(1)生まれた was born　(4)終わる end　(6)結婚する get married

〔英訳〕
- (1)　In what month was your son born?
- (2)　In what month do British schools start?
- (3)　In what month did they come to Japan?
- (4)　In what month do American schools end?
- (5)　In what month did your great-grandfather pass away?
- (6)　In what month did they get married?

〔発音ひとロメモ〕　month は [mʌ́nθ] と発音します。th は舌を上下の歯間にはさんで摩擦して発音します。テープをよく聞いてこの音をマスターしましょう。

●●●　ワンポイント情報　●●●

「結婚する」には get married と marry があります。前者は They got married last week.（彼等は先週結婚した）のように主語が複数

のときよく使われ，後者は Tom married Betty.（トムはベティと結婚した）のように，誰々が誰々と「結婚する」の形でふつうは使われています。

4 In what year ...?

これも文頭の in は文尾に置くことができます。

〔練習問題〕　下記の和文を英訳せよ。

(1) 何年にコロンブスはアメリカを発見しましたか。
(2) 何年に第一次世界大戦が勃発しましたか。
(3) 何年にフィリピンは合衆国から独立しましたか。
(4) 何年にあなたはハーバードを卒業しましたか。
(5) 何年にあなたは修士号をとりましたか。
(6) 何年にあなたは生まれましたか。
(7) あなたは何年生ですか。

〔語句のヒント〕　(1)発見する discover　(2)第一次世界大戦 the First World War　勃発する break out　(3)独立する become independent　(4)…を卒業する graduate from　(5)修士号 MA　(7)学年 grade

〔英訳〕

●(1)　In what year did Columbus discover America?
(2)　In what year did the First World War break out?
(3)　In what year did the Philippines become independent of the United States?

(4) In what year did you graduate from Harvard?
(5) In what year did you get an MA?
(6) In what year were you born?
(7) What grade are you in?

〔発音ひとロメモ〕 world は [wəːld], word は [wəːd] です。テープをよく聞いて両者の違いをしっかりマスターしましょう。

5 What time ... ?

...at 9:00 のように時間の前には at を必ず使います。しかし What time ...? のときは At what time ...? のようにも書けますが,At がない方がよく使われています。

〔練習問題〕 下記の和文を英訳せよ。

(1) 毎朝何時にあなたは起きますか。
(2) 毎朝何時にあなたは家を出ますか。
(3) 何時に仕事を始めるのですか。
(4) 何時に仕事がひけるのですか。
(5) 何時にあなたは家に帰りますか。
(6) 何時にあなたは夕食を食べますか。
(7) 何時にあなたは寝ますか。

〔語句のヒント〕 (2)家を出る leave home (3)仕事を始める get to work (4)仕事がひける get off work

〔英訳〕

- (1) What time do you get up every morning?
- (2) What time do you leave home every morning?
- (3) What time do you get to work?
- (4) What time do you get off work?
- (5) What time do you get home?
- (6) What time do you have dinner?
- (7) What time do you go to bed?

6　What＋名詞…?

〔練習問題〕　下記の和文を英訳せよ。

- (1) 彼は何色が一番好きなのですか。
- (2) 何の本をあなたは読んでいるのですか。
- (3) 文芸春秋の何月号をあなたは読んでいるのですか。
- (4) 何の科目を大学で教えているのですか。
- (5) 何新聞をあなたは毎日読んでいますか。
- (6) 何の雑誌をあなたは購読しているのですか。

〔語句のヒント〕　(1)一番 best　(3)号 issue　(4)科目 subject　(5)新聞 paper　(6)雑誌 magazine

〔英訳〕

- (1) What color does he like best?
- (2) What book are you reading?
- (3) What issue of *the Bungeishunju* are you reading?
- (4) What subject do you teach at college?
- (5) What paper do you read every day?

(6) What magazine do you subscribe to?

〔発音ひとロメモ〕 issue は [íʃuː], subject は [sʌ́bʒikt], magazine は [mæɡəzíːn] です。テープで正しい発音，アクセントをマスターして下さい。

●●● ワンポイント情報 ●●●

paper を「新聞」の意味で使うのは口語英語です。文章では newspaper を使います。paper は「レポート」という意味でもよく使われます。

I must hand in a paper by Tuesday.
（火曜日までにレポートを提出しなければならない）
「紙」の意味では a paper ではなく a sheet of paper になります。

27 2つの未来表現

1 未来を表す will (1)

未来を表すには will が使われています。will は人称により意味が違います。これを下記でしっかり覚えましょう。

肯定文中の will

I will ＋意志動詞	…するつもりです
	…します
We will ＋意志動詞	…するつもりです
	…します
I will ＋無意志動詞	…でしょう
	…します
We will ＋無意志動詞	…でしょう
	…します
You will ＋意志動詞	…でしょう
	…します

You will ＋無意志動詞	…でしょう
	…します
3人称＋意志動詞	…でしょう
	…します
3人称＋無意志動詞	…でしょう
	…します

上の表で2人称，3人称の次に意志動詞がきても，will は意志未来にならないことに気がついたでしょう。2人称，3人称が意志を表すとき，ふつう will でなく be going to ＋動詞の原形を使います。

Then I will help you.
(それなら私はあなたを手伝います)

Then we will help you.
(それなら私達はあなたを手伝います)

I will miss the plane.
(私は飛行機に乗り遅れるでしょう)

You will miss the plane.
(あなたは飛行機に乗り遅れるでしょう)

She will miss the plane.
(彼女は飛行機に乗り遅れるでしょう)

She will help you.
(彼女はあなたを手伝うでしょう)

He will miss the plane.
(彼は飛行機に乗り遅れるでしょう)

He will help you.
(彼はあなたを手伝うでしょう)

They will miss the plane.

(彼等は飛行機に乗り遅れるでしょう)
They will help you.
(彼等はあなたを手伝うでしょう)
Tom will miss the plane.
(トムは飛行機に乗り遅れるでしょう)
Tom will help you.
(トムはあなたを手伝うでしょう)

〔練習問題1〕 下記の和文を英訳せよ。

(1) それでは私はこの週末にあなたを手伝います。
(2) それでは私は後であなたに電話します。
(3) それでは私はあなたに折り返し電話をします。
(4) それでは私は後であなたの会社に立ち寄ります。
(5) それでは私は火曜日までにあなたに連絡します。

〔語句のヒント〕 (1)それでは Then (2)後で later (3)折り返し電話をする call back (4)立ち寄る drop in (5)…までに by

〔英訳〕
●(1) Then I'll help you this weekend.
(2) Then I'll call you later.
(3) Then I'll call you back.
(4) Then I'll drop in at your office later.
(5) Then I'll get in touch with you by Tuesday.

〔練習問題2〕 下記の和文を英訳せよ。

(1) 私はたぶんテストに落ちるでしょう

(2) 私はたぶん集会に間に合うでしょう。
(3) 私はそれについて忘れるでしょう。
(4) 私はあなたの計画に興味を失うでしょう。
(5) 私はたぶん後でそれを思い出すでしょう。
(6) 私達はそのうちアメリカ料理にあきるでしょう。
(7) 私達は飛行機に乗り遅れるでしょう。

〔語句のヒント〕 (1)たぶん probably (2)間に合う make (3)忘れる forget (4)興味を失う lose interest (5)思い出す remember (6)…にあきる get tired of

〔英訳〕
●(1) I'll probably fail the test.
(2) I'll probably make the meeting.
(3) I'll forget about it.
(4) I'll lose interest in your plan.
(5) I'll probably remember it later.
(6) We'll soon get tired of American food.
(7) We'll miss the plane.

〔練習問題3〕 下記の和文を英訳せよ。

(1) あなたはバスに乗り遅れるでしょう。
(2) あなたは風邪をひき直すでしょう。
(3) あなたは今日の午後熱が出るでしょう。
(4) たぶんあなたはそれを後で思い出すでしょう。
(5) たぶんあなたは仕事に遅れるでしょう。
(6) たぶんあなたはそれを後悔するでしょう。

〔語句のヒント〕 (2)風邪をひき直す catch another cold　(3)熱が出る develop a fever　(4)たぶん maybe　(6)…を後悔する be sorry for

〔英訳〕
- (1)　You'll miss the bus.
- (2)　You'll catch another cold.
- (3)　You'll develop a fever this afternoon.
- (4)　Maybe you'll remember it later.
- (5)　Maybe you'll be late for work.
- (6)　Maybe you'll be sorry for it.

〔練習問題 4〕　下記の和文を英訳せよ。

- (1)　彼は週末は私達の所にいるでしょう。
- (2)　彼はたぶん彼女と会うことをやめるでしょう。
- (3)　彼はこの週末に私達の所へ遊びに来るでしょう。
- (4)　彼は後で私に電話するでしょう。
- (5)　たぶん彼は今夜アメリカを出発するでしょう。

〔語句のヒント〕 (1)週末に for the weekend　(2)やめる quit　(3)遊びに来る come and see　(5)たぶん Perhaps　出発する leave

〔英訳〕
- (1)　He'll stay with us for the weekend.
- (2)　He'll probably quit seeing her.
- (3)　He'll come and see us this weekend.
- (4)　He'll phone me later.
- (5)　Perhaps he'll leave America tonight.

●●● ワンポイント情報 ●●●

probably, maybe, perhaps, possibly は辞書では「たぶん」と同じ訳がつけられていますが,同じではありません。下記に示したように話者の確信度に違いがあります。また使用する位置にも違いがあります。例文をよく見て覚えましょう。

He'll probably come here later.（約70%～80%以上）
Maybe he'll come here later.（約35%～50%）
Perhaps he'll come here later.（約30%）
Possibly he'll come here later.（約20%）
He'll possibly come here later.（約20%）

〔練習問題5〕 下記の和文を英訳せよ。

(1) たぶん彼は実験に成功するでしょう。
(2) たぶん彼は明日までに風邪が治るでしょう。
(3) たぶん彼は風邪をひき直すでしょう。
(4) たぶん彼は早稲田の試験に落ちるでしょう。
(5) たぶん彼は商売に失敗するでしょう。
(6) たぶん彼はそれを後悔するでしょう。
(7) たぶん彼は金持ちになるでしょう。

〔語句のヒント〕 (1)たぶん Perhaps 成功する succeed 実験 experiment (2)治る get over …までに by (3)風邪をひき直す catch a cold again (6)…を後悔する be sorry for

〔英訳〕
●(1) Perhaps he'll succeed in his experiment.
(2) Perhaps he'll get over his cold by tomorrow.

(3) Perhaps he'll catch a cold again.
(4) Perhaps he'll fail the exam for Waseda.
(5) Perhaps he'll fail in his business.
(6) Perhaps he'll be sorry for it.
(7) Perhaps he'll get rich.

2 未来を表す will (2)

willは肯定文と疑問文では使い方が違います。これを下記の表でしっかり覚えましょう。

疑問文中の will

Will I ＋無意志動詞...?	私は…だろうか
Will we＋無意志動詞...?	私達は…だろうか
Will you＋意志動詞...?	あなたは…して下さいますか
Will you＋無意志動詞...?	あなたは…だろうか
Will 3人称＋無意志動詞...?	…だろうか
Will 3人称＋意志動詞...?	…だろうか

上の表で意志未来は2人称しか持っていないことが分かりましたね。1人称の Will I ...? Will we ...? は自分で自分の意志をたずねる必要がないので意志未来にはならないのです。3人称の場合はたとえ意志動詞がきても意志未来には使われないのです。それは意志動詞がきても意志に重点があるのではなく，単に未来の時に重点があり意志が問題になっていないのです。

意志を表すときには，会話ではふつう be going to do を使い，文章では intend to do がよく使われます。

Will I miss the plane?
(私は飛行機に乗り遅れるでしょうか)
Will we miss the plane?
(私達は飛行機に乗り遅れるでしょうか)
Will you help me?
(あなたは私を手伝ってくれますか)
Will you miss the plane?
(あなたは飛行機に乗り遅れるでしょうか)
Will he help me?
(彼は私を手伝うだろうか)
Will he miss the plane?
(彼は飛行機に乗り遅れるでしょうか)
Will they help me?
(彼等は私を手伝うだろうか)
Will they miss the plane?
(彼等は飛行機に乗り遅れるでしょうか)
Will Tom help me?
(トムは私を手伝うだろうか)
Will Tom miss the plane?
(トムは飛行機に乗り遅れるでしょうか)

〔練習問題1〕 下記の和文を英訳せよ。

(1) 私は約束に遅れるでしょうか。
(2) 私は慶応の試験に受かるでしょうか。
(3) 私は道に迷うでしょうか。
(4) 私達は飛行機に乗り遅れるでしょうか。
(5) 私達は会議に間に合うだろうか。
(6) 私達はコンサートに遅刻するだろうか。
(7) 私達はアメリカで日本食が食べたくなるでしょうか。

〔語句のヒント〕 (1)遅れる be late (3)道に迷う get lost (5)間に合う make (7)恋しく思う miss

〔英訳〕
●(1) Will I be late for the appointment?
(2) Will I pass the exam for Keio?
(3) Will I get lost?
(4) Will we miss the flight?
(5) Will we make the meeting?
(6) Will we be late for the concert?
(7) Will we miss Japanese food in America?

〔練習問題2〕 下記の和文を英訳せよ。

(1) あなたは私に連絡してくれますか。
(2) ちょっと私のお願いを聞いていただけますか。
(3) ヒーターを弱くしていただけますか。
(4) テレビのボリュームを上げていただけますか。
(5) いくらかお金を前貸ししていただけますか。

(6) 彼を勇気づけていただけますか。
(7) 明日立ち寄ってくれますか。
(8) あのお客様の世話をしてくれますか。

〔語句のヒント〕 (1)…に連絡をとる get in touch with (2)ちょっと私のお願いを聞く do me a little favor (3)弱くする turn down (4)ボリュームを上げる turn up (5)前貸しする advance (6)勇気づける encourage (7)立ち寄る stop by (8)…の世話をする take care of

〔英訳〕
●(1) Will you get in touch with me?
(2) Will you do me a little favor?
(3) Will you turn down the heater?
(4) Will you turn up the TV?
(5) Will you advance me some money?
(6) Will you encourage him?
(7) Will you stop by tomorrow?
(8) Will you take care of that customer?

〔練習問題3〕 下記の和文を英訳せよ。

(1) あなたは風邪が治るでしょうか。
(2) あなたは約束に間に合うでしょうか。
(3) あなたは熱が出るでしょうか。
(4) 当分の間忙しいですか。
(5) 今年の3月で23歳になるのですか。
(6) 次の11月で何歳になりますか。

〔語句のヒント〕 (1)治る get over (2)約束に間に合う make the appointment (3)熱が出る develop a fever (4)しばらく for a while (6)11月 November

〔英訳〕
- (1) Will you get over your cold?
- (2) Will you make the appointment?
- (3) Will you develop a fever?
- (4) Will you be busy for a while?
- (5) Will you be twenty-three this March?
- (6) How old will you be next November?

〔練習問題4〕 下記の和文を英訳せよ。
- (1) 彼は部長に昇進するでしょうか。
- (2) 明日はむし暑いだろうか。
- (3) 明日は風が強いだろうか。
- (4) 月曜日までに彼女はかぜがなおるだろうか。
- (5) 年末までに景気は上向きになるだろうか。
- (6) 明日は雨がひどく降るだろうか。

〔語句のヒント〕 (1)部長 General Manager 昇進する get promoted (2)むし暑い muggy (3)風が強い windy (4)治る get rid of (5)景気 business 上向く pick up

〔英訳〕
- (1) Will he get promoted to General Manager?
- (2) Will it be muggy tomorrow?

(3) Will it be windy tomorrow?
(4) Will she get rid of her cold by Monday?
(5) Will business pick up by the end of the year?
(6) Will it rain hard tomorrow?

〔練習問題5〕 下記の和文を英訳せよ。

(1) トムは約束を守るだろか。
(2) ジェーンは約束を破るだろうか。
(3) 彼等は立ち寄るだろうか。
(4) 彼等は夕食に私を招待するだろうか。
(5) 2人は別れるのでしょうか。
(6) 2人は仲直りするだろうか。
(7) 2人は離婚するだろうか。

〔語句のヒント〕 (1)約束を守る keep his promise (2)約束を破る break her word (3)立ち寄る stop in (6)仲直りする make up (7)離婚する get divorced

〔英訳〕

●(1) Will Tom keep his promise?
(2) Will Jane break her word?
(3) Will they stop in?
(4) Will they invite me to dinner?
(5) Will they break up?
(6) Will they make up?
(7) Will they get divorced?

28 未来を表す be going to＋動詞の原形

be going to＋動詞の原形には2つの意味があります。
① be going to＋意志動詞　　…予定です
② be going to＋無意志動詞　…でしょう

① I'm going to go to New York next year.
　　(私は来年ニューヨークへ行く予定です)
② I'm going to miss the flight.
　　(私は飛行機に乗り遅れるでしょう)

なお be going to＋意志動詞は下記のように4通りに訳せます。意味は変りません。表現の違いです。
(A)予定です　(B)つもりです　(C)計画です　(D)…します

従って上の①を「私は来年アメリカへ行くつもりです」(または…行く計画です。または…行きます) と和訳しても意味に違いはきたしません。日本語では(D)が一番使われていますので(D)の訳で覚えることを強く勧めます。

28 未来を表すbe going to＋動詞の原形

〔練習問題１〕　下記の和文を英訳せよ。

(1)　私は来年東京の郊外に家を買います。
(2)　私は将来同時通訳になるつもりです。
(3)　私は彼らと仲直りします。
(4)　私達は川崎で途中下車します。
(5)　私達は彼等の申し出を受け入れます。

〔語句のヒント〕　(1)東京の郊外に in the suburbs of Tokyo　(2)同時通訳 simultaneous interpreter　(3)…と仲直りする make up with　(4)途中下車する stop over　(5)受け入れる accept　申し出 offer

〔英訳〕

●(1)　I'm going to buy a house in the suburbs of Tokyo next year.
(2)　I'm going to be a simultaneous interpreter in the future.
(3)　I'm going to make up with them.
(4)　We're going to stop over at Kawasaki.
(5)　We're going to accept their offer.

〔発音ひと口メモ〕　simultaneous は [saiməltéiniəs], interpreter は [intə́ːpritə] です。ぜひテープで正しい発音をマスターして下さい。

〔練習問題２〕　下記の和文を英訳せよ。

(1)　私は風邪をひき直すでしょう。
(2)　あなたは飛行機に乗り遅れるでしょう。
(3)　午後は雨が土砂降りになるでしょう。

(4) 彼は道に迷うでしょう。
(5) 明日は風が強いでしょう。
(6) 彼らは日本の料理に慣れるでしょう。

〔語句のヒント〕 (1)風邪をひき直す catch a cold again (5)風が強い be windy (6)…に慣れる get used to

〔英訳〕
●(1) I'm going to catch a cold again.
(2) You're going to miss the flight.
(3) It's going to rain hard in the afternoon.
(4) He's going to get lost.
(5) It's going to be windy tomorrow.
(6) They're going to get used to Japanese food.

〔発音ひとロメモ〕 get used to の used は [júːst] と清音です。にごりません。

〔練習問題3〕 下記の和文を英訳せよ。

(1) あなたはロンドンにどの位いるのですか。
(2) あなたは夕食に何を作るのですか。
(3) あなたはいつ本を返すのですか。
(4) あなたはいつロンドンを発つのですか。
(5) あなたはどこで下車するのですか。
(6) あなたはどこで夏を過ごすのですか。

〔語句のヒント〕 (3)返す return (4)出発する leave (5)下車する get

off　(6)過ごす spend

〔英訳〕
- (1)　How long are you going to stay in London?
- (2)　What are you going to cook for dinner?
- (3)　When are you going to return the book?
- (4)　When are you going to leave London?
- (5)　Where are you going to get off?
- (6)　Where are you going to spend the summer?

●●●　ワンポイント情報　●●●

be going to do と，be going to＋場所の2者を混同している人が多いのですが，前者は未来を表すときに使われ，後者は現在進行形です。

I'm going to go to Osaka.
（私は大阪へ行く予定です）
I'm going to Osaka.
（私は大阪へ行くところです）

be going to do と will

(1)置き換えられないとき

未来を表すときには be going to do か will が使われています。これら2者は置き換えられるときと置き換えられないとき

があります。

●置き換えられないとき
　①be going to＋意志動詞
　②will＋意志動詞
①は予定，計画，意志を表すときに使われます。
② will は予定，計画ではなく話している最中に決めたことを述べるときに使います。

　①　I'm going to go to Holland next year.
　　　（私は来年オランダへ行く予定です）
　②　Then I will go to Holland next year.
　　　（それなら私は来年オランダへ行きます）

　①の be going to do は予定，計画ですから事前に決めたことを述べるときに使われます。一方，② will は事前ではなく会話中，相手の言ったことにより何かをやろうと決めたことを述べるときに使います。

〔練習問題1〕　下記の和文を英訳せよ。
　(1)　それならあさって私は彼に会います。
　(2)　私はあさって彼に会います。
　(3)　それなら私は明日今ごろ来ます。
　(4)　私は明日の今ごろ来ます。
　(5)　それなら私達は彼を許します。
　(6)　私達は彼を許すでしょう。

〔語句のヒント〕 (1)あさって the day after tomorrow (3)今ごろ about this time (5)許す forgive

〔英訳〕
- (1) Then I'll see him the day after tomorrow.
- (2) I'm going to see him the day after tomorrow.
- (3) Then I'll come about this time tomorrow.
- (4) I'm going to come about this time tomorrow.
- (5) Then we'll forgive him.
- (6) We're going to forgive him.

〔練習問題2〕 下記の和文を英訳せよ。

- (1) 私達は店を売ります。
- (2) その場合, 私達は店を売ります。
- (3) 私達は渋谷で乗り換えます。
- (4) その場合, 私達は渋谷で乗り換えます。
- (5) 私は明朝彼に電話します。
- (6) それでは私は明朝彼に電話します。

〔語句のヒント〕 (2)その場合 in that case (3)乗り換える change trains (5)明朝 tomorrow morning

〔英訳〕
- (1) We're going to sell our store.
- (2) In that case we'll sell our store.
- (3) We're going to change trains at Shibuya.
- (4) In that case we'll change trains at Shibuya.

(5) I'm going to ring him tomorrow morning.
(6) Then I'll ring him tomorrow morning.

(2)置き換えられるとき

　be going to＋意志動詞，will＋意志動詞のときは互いに置き換えられないことはすでに学びました。これらの両者が置き換えられるのは無意志動詞が次にくる場合です。

　　　You're going to catch a cold.
　　　You'll catch a cold.
　　（あなたは風邪をひくでしょう。）

〔練習問題3〕　下記の和文を英訳せよ。
　(1)　明日は土砂降りになるでしょう。
　(2)　明日は土砂降りになるでしょう。
　(3)　今晩までには晴れ上がるでしょう。
　(4)　今晩までには晴れ上がるでしょう。
　(5)　この週末はくもりでしょう。
　(6)　この週末はくもりでしょう。

〔語句のヒント〕　(1)土砂降りになる rain hard　(3)晴れ上がる clear up

〔英訳〕
●(1)　It's going to rain hard tomorrow.
　(2)　It'll rain hard tomorrow.
　(3)　It's going to clear up by this evening.
　(4)　It'll clear up by this evening.

(5) It's going to be cloudy this weekend.
(6) It'll be cloudy this weekend.

〔練習問題4〕 下記の和文を英訳せよ。

(1) 彼女はいい秘書になるでしょう。
(2) 彼女はいい秘書になるでしょう。
(3) 彼はパリに転勤になるでしょう。
(4) 彼はパリに転勤になるでしょう。
(5) あなたはドイツで日本食を恋しく思うでしょう。
(6) あなたはドイツで日本食を恋しく思うでしょう。

〔**語句のヒント**〕 (1)秘書 secretary (3)転勤になる be transferred (5)恋しく思う miss

〔**英訳**〕

● (1) She's going to be a good secretary.
(2) She'll be a good secretary.
(3) He's going to be transferred to Paris.
(4) He'll be transferred to Paris.
(5) You're going to miss Japanese food in Germany.
(6) You'll miss Japanese food in Germany.

読者と著者を結ぶ講演会

著者の市橋先生から下記のことを通じて直接指導が受けられます。

出張講演内容

語学編
◎社会人の皆さんへ
① 英会話短期効果的マスターの㊙
② あなたは英語をわざわざ難しくしているのに気づいていない。
③ 英会話が上達しないのはあなたの頭が悪いからではなく勉強方法が間違っているからだ。

女性の意識向上及び解放編
◎女性の皆さんへ
① 目覚めよ日本の女性達。
② こうあって欲しい日本女性。
③ 男性に対して対等感覚をもって欲しい日本女性。
④ 理想的な姿の日本女性。
⑤ 自立心に目ざめて欲しい日本女性。
⑥ アメリカを美化していることに今だに気づいていない日本女性。

文化背景編
① 国際社会で損をしている日本人の15の意識とその改革
② アメリカの植民地になりさがっていることに気がついていない日

本人
③ 日本人の話し方, 文章の書き方が欧米社会で通用しないことに気がついていない日本人の98％

ビジネス編
◎社会人の皆さんへ
① アメリカと日本人の物の見方の違いから生じがちな失敗防止法の㊙
② アメリカ進出前の心得の㊙
③ アメリカ人とのビジネスで失敗しない㊙
④ アメリカ人の心を打つ話し方の㊙
⑤ アメリカ人を引きつけるスピーチの仕方の㊙
⑥ アメリカ人の社員の使い方の㊙
⑦ アメリカ人の同僚とうまくやっていく㊙
⑧ アメリカでビジネス成功の㊙
⑨ 脱サラしてアメリカンドリームを成功させる㊙

◎英語教師の皆さんへ
① 英語苦手者を少なくする㊙
② 英語苦手者が多いのは教師, 教材, 教授法に大いに原因があることに気づいていますか。
③ あなた(英語の教師)も英語苦手者を出すために給料を取っている1人であることに気づいていますか。

講演ご希望の方は下記へご連絡下さい。
ボストンアカデミー　　TEL 03-3220-2421

著者略歴
ボストンアカデミー校長　市橋敬三

　長年の滞米生活によりアメリカ口語英語を身につける。『日米口語表現辞典』(研究社)は, 多くの未開拓未発表分野に切りこみ, その造詣の深さにより専門家の間で大好評を博している名著。
　英会話マスターの近道は, 英文法を知っていることではなく自由自在に使いこなせるようにすることにあることを唱えた草分け。
　話すための英文法シリーズ (研究社) は, 「英文法＝英文の長文を読解するためのもの」という長年の誤ったイメージを根底からくつがえした, 外国でも注目され発売されている人気のあるロングセラー。
　アメリカ研究学を専攻し, アメリカの歴史, 政治, 経済, 社会, 地理, 宗教を幅広く研究しただけでなく, アメリカのビジネス界にも身を投じ, その体験により皮相的なアメリカではなくアメリカの真の姿を知悉しているアメリカ通。著書約50冊。

話すための英文法
生中継講座

　講　師：ボストンアカデミー校長・市橋敬三
リスニング担当：クリス・カプロウスキー（米人）

只今好評発売中

ご興味のある方はボストンアカデミーに直接お電話下さい。
TEL　03－3220－2421

中学英語で言いたいことが24時間話せる!
Part 1　CD付

2000年12月 8 日 　1 刷
2012年 9 月22日　31刷

著　　者　市橋敬三
　　　　　© Keizō Ichihashi, 2000
発行者　南雲一範
印刷所　有限会社　大曲印刷社
製本所　有限会社　松村製本所
発行所　株式会社　南雲堂
　　　　東京都新宿区山吹町361番地／〒162-0801
　　　　振替口座・00160-0-46863
　　　　TEL(03)3268-2311　FAX(03)3260-5425

乱丁・落丁本はご面倒ですが小社通販係宛ご送付下さい。
送料小社負担にてお取替えいたします。
Printed in Japan　〈検印省略〉
ISBN 978-4-523-26375-3　C0082　〈1-375〉

行動する英語シリーズ

アメリカでホームステイする英語
田村智子監修　四六判　240ページ　定価（本体1165円+税）ＣＴ別売
役に立たなきゃやる気も出ない！
ホームステイで聞く英語・しゃべる英語がギッシリ

アメリカ暮らしと英会話
川滝かおり著　四六判　208ページ　定価（本体1165円+税）CD別売
ノウハウもわかる長期滞在完全マニュアル

英語っぽくしゃべる英語
森まりえ／W.B.グッドマン著　四六判　200ページ　定価（本体1165円+税）CD別売
基礎単語と基本表現を使い回すコツのコツ
簡単な単語でこれだけ表現できる！

リスニングするネイティブフレーズ
こんな場面でちょっと盗み聞き
ダニエル・ブルーム著　四六判　208ページ　定価（本体1165円+税）ＣＴ別売
180シーンで展開するネイティブ会話

旅行でしゃべる英会話
イッパツで通じればキモチイイ
マイケル・ブラウン著　四六判　200ページ　定価（本体1165円+税）ＣＴ別売
アメリカ人が書いた通じる英語ホントはこんなにカンタンだった！！

仕事英会話フレーズ800
M.フィッツヘンリ著　古山真紀子訳　四六判　208ページ　定価（本体1200円+税）ＣＴ別売
ネイティブが仕事で使う、最も簡単で最も基本の言い回し